AF359100

NOUVEAUX INSTRUMENTS

EN UT

NOTICE EXPLICATIVE

SUR LES

NOUVEAUX INSTRUMENTS

EN UT

(BREVETÉS S. G. D. G.)

INVENTÉS PAR

H. CHAUSSIER

1er Prix du Conservatoire de Paris
Ex-Premier Cor de la Société des Concerts du Conservatoire de Paris
Ex-Cor Solo des Concerts COLONNE et PASDELOUP

NOUVELLE ÉDITION CONTENANT 21 TABLEAUX SYNOPTIQUES ET COMPARATIFS DES INSTRUMENTS
ANCIEN SYSTÈME ET SYSTÈME CHAUSSIER

PARIS

IMPRIMERIE ET LIBRAIRIE ADMINISTRATIVES ET DES CHEMINS DE FER

PAUL DUPONT

4 — RUE DU BOULOI — 4

1889

PRÉFACE

Après avoir lu la présente notice, beaucoup de personnes, d'ailleurs toutes disposées à faire un accueil favorable aux idées de progrès, pourront se demander si les promesses qu'elle contient sont réalisables.

Mon système n'aurait qu'une valeur hypothétique s'il n'avait pas été mis à l'épreuve.

J'ai fondé à Dijon, il y a dix-huit mois, une fanfare dont les membres se servent de mes instruments omnitoniques.

La plupart sont des jeunes gens qui, au début, ignoraient les rudiments du solfège.

J'ai dû les instruire à la fois au point de vue théorique et au point de vue technique.

Les résultats que j'ai obtenus ont égalé mon attente; je ne pouvais pas espérer que des élèves formés en si peu de temps eussent l'aplomb de musiciens consommés.

Je souhaitais avant tout que l'expérience ne vînt pas infliger un démenti à ma prétention de ramener tous les instruments à un même ton sans nuire à la sonorité. J'ose affirmer aujourd'hui que je suis sans inquiétude à cet égard. Le public pourra entendre *La Dijonnaise*, Société dont je suis le directeur, a l'Exposition universelle. Tout ce qui est écrit dans cette notice recevra, je n'en doute pas, une pleine confirmation.

La Société *La Dijonnaise* doit avoir la modestie qui convient à la jeunesse. Qu'on me pardonne cependant de faire connaître qu'elle a obtenu au concours de Montbard (Côte-d'Or), le 16 septembre 1888, et à l'unanimité, deux premiers prix : celui de lecture à vue et celui d'exécution.

J'ai été soutenu dans mon entreprise par les encouragements les plus flatteurs.

Je reproduis ci-après les lettres que d'illustres compositeurs et des virtuoses dont la réputation est universelle ont bien voulu me faire l'honneur de m'adresser.

H. CHAUSSIER.

Paris, Avril, 1889.

LETTRE DE M. GOUNOD

Vendredi, 7 janvier 1887.

Mon cher Chaussier,

J'approuve pleinement la réalisation de votre idée de ramener à une tonalité unique le groupe entier des instruments de cuivre, Cors, Trompettes, etc. C'est délivrer la lecture et l'écriture musicales d'une complication énorme et inutile. Tout est bénéfice dans cette innovation qui n'attaque en rien la sonorité des instruments en question.

Je vous envoie donc, avec grand plaisir, mes plus sincères félicitations et mon assentiment complet.

Bien à vous,

CH. GOUNOD.

LETTRE DE M. MASSENET

Paris, 13 janvier 1887.

Mon cher ami,

J'ai lu attentivement votre notice sur vos instruments et je reste convaincu, comme je vous l'ai dit lorsque vous me les fites entendre, que votre système réunit tout ce qu'un compositeur puisse désirer.

En effet, votre Trompette, lorsqu'on l'écrit à l'ancienne manière, donne bien la sonorité des tons correspondants, et, de plus, vous n'avez pas le désagrément de démonter l'instrument pour changer de ton, et chose plus heureuse encore, cette même Trompette peut se jouer chromatiquement en donnant sans transposition la note réelle.

C'est là son plus grand avantage, car, comme vous le dites très judicieusement, l'instrumentiste a mieux la note dans l'oreille et peut plus sûrement attaquer.

Que dire du Cor, sinon qu'avec votre système l'instrumentiste aura plus de franchise, puisqu'il jouera la note réelle, et bien des accidents seront évités.

Votre système dans son ensemble me paraît parfait et logique ; aucune transposition n'étant nécessaire, la musique y gagnera.

Je vous félicite de votre résultat et vous donne mon approbation.

Tout à vous,

J. MASSENET.

LETTRE DE M. ÉMILE JONAS

Paris, le 15 juin 1889.

Monsieur Chaussier,

Depuis l'adoption du diapason normal, nos musiques d'harmonie ont perdu de l'éclat par l'abaissement d'un quart de ton. Vous avez réalisé mon rêve en créant des instruments en ut ; car si la dépense n'était pas aussi considérable, nous aurions remplacé, dans nos musiques militaires, les instruments en si bémol et en mi bémol par ceux en ut et en fa. L'effet serait certainement d'un grand éclat. J'applaudis donc à votre œuvre et je vous adresse mes sincères félicitations.

Votre bien dévoué,

Émile JONAS.

LETTRE DE M. VINCENT D'INDY

Paris, le 1ᵉʳ juin 1889.

Mon cher Chaussier,

La lecture de votre notice sur les nouveaux instruments en ut m'avait vivement intéressé ; mais lorsqu'il y a quelques jours vous me les fîtes entendre, j'avoue que j'ai été tout à fait étonné et frappé du résultat obtenu.

Sans parler de la simplification de lecture et d'écriture, désirée depuis longtemps par tous ceux qui s'occupent d'orchestre, et réalisée à l'aide de vos instruments, je trouve que la réunion en un type (due à votre système de combinaisons de pistons ascendants) des qualités très diverses et des timbres très spéciaux afférents à chacun des anciens tons est une trouvaille absolument précieuse dont compositeurs et exécutants n'ont qu'à se louer et à vous féliciter hautement.

C'est ce que je fais de tout cœur, mon cher Chaussier, en vous envoyant mes meilleurs souvenirs.

Vincent d'INDY

LETTRE DE M. ALFRED BRUNEAU

Paris, 4 mars 1887.

Mon cher ami,

. . . .

J'ai voulu, avant de vous répondre, lire très attentivement votre remarquable notice. Votre innovation me frappe et me ravit surtout par l'omnitonalité de vos instruments. Le fait d'écrire en ut est assez secondaire, il me semble. Le côté merveilleux de votre idée est de réunir les ressources de tous les instruments en un seul. Voilà ce qui va opérer une véritable révolution dans l'instrumentation moderne. Vous donnez ainsi la liberté aux plus belles voix de l'orchestre, qui, seules jusqu'à présent, étaient prisonnières.

. . . .

Bien affectueusement à vous,

Alfred **BRUNEAU.**

LETTRE DE M. WETTGE

Chef de Musique de la Garde Républicaine.

Paris, le 11 mars 1887.

Cher Monsieur,

Je vous remercie de la notice explicative que vous m'avez envoyée et que j'ai lue avec toute l'attention que comporte une aussi importante transformation.

Mes bien sincères compliments pour cette intéressante étude, et croyez-moi

Bien à vous,

G. WETTGE

LETTRE DE M. MALÉZIEUX,

Premier Cor à l'Opéra-Comique et premier Cor-solo à la musique de la garde républicaine.

Paris, 16 novembre 1888.

Mon cher Chaussier,

J'ai attentivement étudié votre Cor omnitonique et chromatique et suis heureux de vous adresser à ce sujet toutes mes félicitations.

Votre instrument doit être l'objet d'un travail tout spécial de la part de l'artiste qui l'aura entre les mains pour la première fois ; mais, aussitôt qu'il sera familiarisé avec votre système, il en découvrira les précieux avantages pour le compositeur et pour l'exécutant.

Les tons aigus se jouent avec une grande netteté, et l'ensemble de l'instrument est d'une bonne sonorité.

Le doigté de la gamme chromatique résultant de la formation des tons sera très facile pour tout artiste qui voudra travailler sérieusement votre système, qui est certainement ce qu'on a fait de plus complet jusqu'alors pour réunir le Cor simple au Cor chromatique.

Votre système est remarquable, et tous les cornistes devront le posséder et l'apprécier un jour.

C'est avec infiniment de plaisir que je vous adresse mes sincères félicitations.

Veuillez agréer, cher ami et collègue, mes meilleures amitiés,

MALÉZIEUX.

LETTRE DE M. LACHANAUD

Premier Prix du Conservatoire, Cornet-solo à la musique de la Garde Républicaine.

Paris, le 5 juin 1889.

Mon cher Chaussier,

Je suis très heureux de pouvoir constater la supériorité artistique de tes nouveaux instruments en ut.

Le cornet, que j'ai plus particulièrement étudié, possède un timbre, une sonorité, une douceur de mécanisme et une justesse surtout qui en font véritablement un instrument parfait qui ne laisse rien à désirer au virtuose le plus exigeant.

Je me fais un plaisir et un devoir de t'envoyer toutes mes félicitations.

Bien à toi,

E. LACHANAUD

M. Camille SAINT-SAËNS, qui est en même temps un de nos premiers compositeurs et un des princes de la critique musicale, a bien voulu écrire l'article suivant dans le Ménestrel *du 21 novembre 1886.*

LA SUPPRESSION DES TRANSPOSITEURS

DANS LES INSTRUMENTS A VENT DE L'ORCHESTRE

M. Henri Chaussier, le corniste dont tout le monde connaît la prodigieuse virtuosité, m'avait entretenu, il y a longtemps, de son projet de réforme des instruments à vent, au point de vue de la possibilité de supprimer le système des instruments transpositeurs. Je l'avais beaucoup encouragé dans cette voie, où il se rencontrait avec mes idées ; car de longue date je regarde ce système comme une anomalie barbare, destinée à disparaître avec le temps. C'est pour cela que je me permets d'attirer l'attention du public musical sur la réforme entreprise.

Les instruments à vent qui entrent dans la composition d'un orchestre ou d'une musique militaire présentent, pour la plupart, de grands inconvénients.

Autrefois, quand les Trompettes et les Cors ne pouvaient donner que les notes du corps sonore, on était bien forcé de recourir à la transposition.

Mais aujourd'hui que tous les instruments sont chromatiques, il n'y a aucune nécessité de les employer en différents tons.

Ce système est défectueux à un double titre.

D'abord, il fait de mauvais musiciens, habitués à ne pas sortir de quelques tons peu chargés d'accidents.

En outre, avec le système transpositeur, l'instrument ne donnant jamais la note réelle, le musicien ne saurait avoir l'intonation dans l'oreille ; il est constamment et nécessairement dans le faux.

Les instruments de M. Chaussier sont ramenés à la tonalité d'*ut*, et, comme le Piano ou le Violon, jouent *la note réelle*. C'est là un avantage que chacun comprendra facilement.

Ainsi, prenons le Cor.

Le Cor est un instrument merveilleux ; c'est le timbre le plus pur de l'orchestre. Quel instrument pourrait rendre, avec un pareil charme, le commencement de l'ouverture d'*Obéron* ?

On fait aujourd'hui beaucoup plus usage du genre chromatique qu'autrefois, et souvent des modulations brusques ne peuvent être appuyées par les Cors.

Il faudrait pour cela les faire changer de ton, et par conséquent se passer de ces instruments pendant plusieurs mesures, car, pour changer de ton, il faut : retirer celui qui est sur l'instrument, le placer dans la boîte, et en prendre un autre, qui n'est pas au même degré de température, et se trouve, par suite, trop bas.

On a beau dire que les notes produites avec le secours de la main dans le pavillon peuvent être employées et que le Cor simple peut jouer tout aussi chromatiquement qu'un autre, cela n'empêche pas que, si la modulation ou la note à appuyer tombe sur l'une de ces notes, c'est absolument comme si les Cors ne jouaient pas.

De là l'emploi du Cor à pistons, qui peut donner toutes ces notes.

Mais il arrive toujours un moment où l'on est obligé de changer de ton, puisque ce système n'embrasse pas l'étendue de tous les corps de rechange, ce qui nous ramène aux inconvénients du Cor simple.

Ces inconvénients, M. Chaussier croit avoir trouvé le moyen de les supprimer, non seulement pour le Cor, que nous avons choisi comme exemple, mais pour tous les instruments condamnés au système de la transposition. N'étant pas spécialiste, il ne m'appartient pas de dire s'il a réussi ; le temps seul, du reste, est bon juge en pareille matière. Mon but est uniquement de signaler à l'attention des gens compétents un travail sérieux et des efforts auxquels il me semble que tous les compositeurs doivent s'intéresser.

C. SAINT-SAËNS.

TABLE DES MATIÈRES

RÔLE DU PISTON

MÉCANISME ET COMBINAISON DES PISTONS

EMPLOI DU COR A L'ORCHESTRE

EXPOSÉ DU SYSTÈME CHAUSSIER

DESCRIPTION DU COR SYSTÈME CHAUSSIER

LA TROMPETTE

DE LA TROMPETTE A COULISSE

DE LA TROMPETTE A PISTONS

LE TROMBONE

DU TROMBONE A COULISSE

DU TROMBONE A PISTONS

DU CORNET A PISTONS

LES SAXHORNS

DU PETIT BUGLE

DU SAXHORN CONTR'ALTO APPELÉ BUGLE

DU SAXHORN TÉNOR EN *mi* BÉMOL APPELÉ IMPROPREMENT ALTO

DU BARYTON EN *si* BÉMOL

DE LA BASSE A 4 PISTONS OU CYLINDRES

DE LA CONTREBASSE A 3 PISTONS

DU BOURDON OU BOMBARDON

DES SAXOPHONES

DE LA CLARINETTE

AVANTAGES PRATIQUES DU SYSTÈME CHAUSSIER

AVANT-PROPOS

La présente notice a pour but de faire connaître au lecteur comment l'idée m'est venue de ramener tous les instruments à la tonalité d'*ut*, de justifier cette transformation, d'exposer les essais plus ou moins fructueux à la suite desquels je suis parvenu à découvrir un système d'instruments n'ayant pas besoin d'être écrits en différents tons, et conservant malgré cela une sonorité égale à celle des instruments déjà connus.

Lorsqu'un exécutant lit sur la partition d'un morceau la note *la*, par exemple, et qu'au moyen du doigté déterminé pour produire ladite note sur son instrument, il fait entendre le son *la*, c'est-à-dire le son donné par le diapason, on dit que l'instrument dont il se sert est un instrument en *ut*.

Tels sont : Le Piano, la Flûte, le Hautbois, le Basson, le Trombone et les instruments formant le quatuor à cordes : Violon, Alto, Violoncelle et Contre-basse.

Tandis que les autres instruments : Clarinettes, Saxophones, Cornets, Trompettes, Cors et Saxhorns sont des instruments transpositeurs (1).

Ces derniers, qui servent plus particulièrement à la composition des orchestres militaires et des fanfares, ont le grand inconvénient d'être écrits dans des tons différents, ce qui crée une difficulté bien inutile et préjudiciable à la musique elle-même.

Autrefois, quand les instruments ne pouvaient donner que certaines notes, c'est-à-dire celles du corps sonore (Trompettes, Cors, etc...), il fallait employer des corps de rechange pour produire des demi-tons ; mais, aujourd'hui que

---

(1) On appelle instrument transpositeur celui avec lequel un exécutant, lisant une note, est obligé, pour en produire le son, de jouer une note qui, sur le dit instrument, porte un autre nom. Par exemple, pour produire un *la*, un instrument en *si bémol* devra jouer un *si naturel*, et pour produire cette même note, *la*, un instrument en *mi bémol* devra jouer un *fa dièze*.

tous les instruments sont chromatiques, il n'y a aucune nécessité d'employer des corps de rechange.

Il ne faut pas croire que les sonorités variées des instruments actuellement en usage ne peuvent s'obtenir qu'au moyen d'instruments en divers tons : c'est une erreur dont il sera facile, du reste, de se rendre compte par ce qui suit :

Au désavantage de ne jamais jouer avec ces instruments la note réelle, s'ajoute pour l'exécutant celui de s'habituer à jouer exclusivement dans certains tons peu chargés d'accidents, ce qui cause le plus grand tort à la musique.

On rencontre souvent des musiciens embarrassés lorsqu'ils ont quatre ou cinq dièzes à la clé.

Pourquoi ?

Parce que, généralement, les instrumentistes travaillent de préférence les gammes qui ont le moins d'accidents et que, si le compositeur a un trait difficile à donner, il choisit aussi pour plus de commodité l'instrument dont la clé est le moins chargée.

Ce système est défectueux, parce qu'il fait de mauvais musiciens s'habituant, je le répète, à jouer dans certains tons seulement.

De plus, il a le grand désavantage de ne jamais permettre de jouer la note réelle, ce qui nuit au musicien, lequel n'a pas l'intonation dans l'oreille, obligé qu'il est de changer la dénomination des notes, suivant qu'il joue dans un ton ou dans un autre.

Mes instruments, basés sur d'autres principes, sont ramenés à la tonalité d'*ut ;* ils jouent la note réelle, avantage incontestable que tout le monde comprendra facilement.

Par exemple, si l'on veut exécuter sur le Cornet à pistons, avec accompagnement de Piano, de la musique écrite pour la voix ou pour le Violon, on comprend combien il est préférable de pouvoir éviter toute transposition.

Veut-on réduire au Piano une partition d'orchestre ?

Aucune difficulté ne se présente, aucune transposition n'étant nécessaire.

Nous verrons plus loin si cette appellation *instruments en ut* est exacte. Pour le moment rappelons-nous qu'on dit : Un instrument est en *ut* lorsqu'il joue la note réelle; lorsque lisant : *ut, mi, sol, do*, il produit réellement : *ut, mi, sol, do.*

Pour bien comprendre ce qui va suivre, il est bon de se rappeler en outre quelques notions indispensables d'acoustique et de connaître le principe de la production du timbre.

Principe de la résonnance.

Un tube ou corps sonore, à embouchure, dont la colonne d'air est mise en vibration au moyen du souffle, produit plusieurs sons successifs qui deviennent de plus en plus aigus à mesure que l'on exerce une plus forte pression des lèvres sur l'embouchure.

Le plus grave des sons produits s'appelle : *note fondamentale;* les autres sont les *harmoniques* de celle-ci.

Les sons *harmoniques* de toute *fondamentale* sont : l'octave, la 12ᵉ, la 15ᵉ, la 17ᵉ, la 19ᵉ, la 21ᵉ mineure, la 22ᵉ, la 23ᵉ, la 24ᵉ, la 25ᵉ (pas très juste), la 26ᵉ, la 28ᵉ mineure, la 28ᵉ majeure, la 29ᵉ et tous les intervalles qui suivent.

Si l'on prend un tube donnant *do* pour *fondamentale*, on aura donc pour *harmoniques : do, sol, do, mi, sol, si bémol, do, ré, mi, fa* (un peu haut), *sol, si bémol, si naturel, do,* et toutes les notes chromatiques qui suivent.

Principe de la hauteur du son.

La hauteur du son est inversement proportionnelle à la longueur du tube.

Plus un tube sera court, plus les vibrations seront nombreuses, et par conséquent, plus le son sera élevé.

Au contraire, plus un tube sera long, moins nombreuses seront les vibrations, et, par conséquent, le son sera plus grave.

Ce principe n'a cependant une rigueur absolue qu'à cette condition : il faut que le tube dans les deux cas soit de même diamètre ; car des tubes de même longueur peuvent donner des sons d'une hauteur différente si leur diamètre n'est pas le même.

Pour que deux tubes puissent donner des sons de même hauteur, il faut que leur volume soit le même, de manière que si on les emplissait d'un liquide, la contenance fût la même dans les deux tubes.

Principe de la production du timbre.

Le timbre est la qualité de son particulière que chaque instrument possède.

Dans la construction d'un instrument, deux sortes de tubes sont employés : le tube *cylindrique*, et le tube *conique*.

Le pavillon d'un instrument est un tube *conique*, et les coulisses d'accord qui glissent l'une dans l'autre sont des tubes *cylindriques*.

En employant chaque espèce de tube séparément, aucun son musical ne se produit.

Il faut pour qu'un tube parle qu'il soit composé au moins d'une partie *cylindrique* et d'une partie *conique*.

Un tube n'ayant pas de pavillon ne produit pas de son musical; aussi cette partie de l'instrument joue-t-elle un grand rôle; c'est d'après sa forme et sa dimension que le son est modifié.

Un instrument composé en majeure partie de tubes *cylindriques* et dont le pavillon, c'est-à-dire la partie *conique*, n'a pas une grande longueur aura le timbre *strident*.

Ainsi le timbre *strident* du Trombone dépend de ce que la coulisse formée de tubes *cylindriques* comprend à elle seule la plus grande partie de l'instrument, et que le pavillon a une longueur bien moindre.

La Trompette et la Trompe de chasse sont, sous ce rapport, les seuls instruments dans les mêmes conditions que le Trombone.

Ils possèdent un timbre *strident* pour cette unique raison que, dans leur construction, la proportion des tubes cylindres l'emporte sur celle des tubes coniques.

Un instrument composé en majeure partie de tubes *coniques*, c'est-à-dire celui dont le pavillon a le plus de développement, produira un timbre *doux*.

EXEMPLE : Le Cor est l'instrument possédant la plus grande proportion de tubes *coniques* et par suite le timbre le plus *doux*. Le pavillon très développé va en se rétrécissant très lentement jusqu'à la branche d'embouchure.

Le timbre des autres instruments dépend donc de la combinaison des tubes *cylindriques* avec les tubes *coniques*.

Il est bien évident que la progression n'est pas constante, et que le pavillon n'est pas immédiatement suivi d'un tube *cylindrique* jusqu'à la branche d'embouchure ; la décroissance s'opère par plusieurs séries de tubes *coniques* et *cylindriques* alternés.

Du reste, chaque facteur d'instruments dispose à sa manière les différents tubes dont se compose un instrument, et c'est justement cette différence dans la construction qui fait que, malgré la même longueur, la sonorité peut être plus ou moins belle.

La belle qualité de son d'un instrument dépend de la place qu'occupent les parties *coniques* et *cylindriques*; et dans les instruments à pistons, la place qu'occupent ceux-ci dans la longueur de l'instrument a une grande importance.

DESCRIPTION DES INSTRUMENTS

LE COR

Dans le principe, on ne se servait que du Cor simple, instrument se jouant avec la main dans le pavillon ; on peut le jouer dans tous les tons chromatiques, depuis *si* bémol grave jusqu'à *si* bémol aigu, et cela par l'emploi de tubes de rechange ; ces tubes ou *corps de rechange* s'appellent encore Tons (1).

Chacun de ces Tons produit une qualité de son particulière, et il en résulte une riche variété de sons que nul autre instrument ne possède.

Cet instrument, dont les maîtres anciens savaient se contenter, a paru insuffisant à certains compositeurs modernes, amoureux des colorations d'orchestre et recherchant ce que j'appellerai des effets de palette musicale.

Je viens de dire que le Cor simple est très riche de sonorités variées ; cependant, ces compositeurs ont préféré l'emploi du Cor à pistons pour répondre à leur besoin de passer brusquement d'un ton à un autre ton, souvent très éloigné, parce que, avec cet instrument, on peut produire n'importe quelle note sans être obligé de se servir des corps de rechange.

Mais on ne peut donner la variété de sonorités, qui est l'apanage du vieil instrument, sans se soumettre à l'obligation de *changer de Ton*, comme on fait avec celui-ci.

Je dois ajouter cependant que plusieurs maîtres contemporains, par une défiance instinctive pour les inventions nouvelles qui pourraient compromettre les nobles traditions de l'art, ou, peut-être, effrayés à la pensée que la triviale mécanique pourrait un jour s'emparer de son domaine, ont, jusqu'à présent, refusé d'admettre le prosaïque Piston.

Description du Cor simple.

Le Cor simple se compose de deux parties :

La première, ou le corps de l'instrument, comprend : le pavillon qui, allant en se rétrécissant, est recourbé sur lui-même et vient se terminer par une emboîture appelée *boisseau*, après avoir décrit à son milieu une coulisse

---

(1) Toutes les fois que le mot *Ton* désignera un corps de rechange, pour éviter toute confusion, il sera imprimé dans le texte avec une majuscule.

d'accord qui se compose de deux branches parallèles et mobiles, servant à rectifier le diapason, c'est-à-dire à accorder l'instrument.

La seconde partie, appelée *Ton* ou *corps de rechange*, est un tube qui, allant en se rétrécissant, s'adapte au *boisseau*, fait plusieurs tours sur lui-même (suivant son diapason) et se termine par une partie rectiligne à l'extrémité de laquelle on place l'embouchure.

Celle-ci est trop connue pour que j'aie à la décrire.

Des Tons ou corps de rechange.

Le Cor simple possède 13 *Tons* qui ont des longueurs différentes.

C'est au premier chef un instrument transpositeur.

Le plus grave des *Tons* est celui qui donne pour *fondamentale* le *si* bémol, un ton au-dessous de l'*ut* de la quatrième corde du violoncelle.

Les 12 autres *Tons* ont pour *fondamentales : si* naturel, *ut, ré* bémol, *ré* naturel, *mi* bémol, *mi* naturel, *fa, sol* bémol, *sol* naturel, *la* bémol, *la* naturel et *si* bémol aigu.

Le Ton de *si* bémol grave est le plus long, et celui de *si* bémol aigu est le plus court.

Chacun de ces 13 *Tons* donnera donc les harmoniques énumérées page 3, conformément au principe de la résonnance.

Chacun des 13 Tons du Cor ayant une longueur différente, il en résulte en outre que chacun d'eux possède une qualité de son particulière, car les *Tons* graves ont beaucoup plus de douceur que les *Tons* aigus, mais, en revanche, ceux-ci ont plus d'éclat et sont plus faciles à jouer ; d'ailleurs le doigté (1) est le même pour tous les *Tons*.

Le Cor serait certainement le plus pauvre des instruments en cuivre s'il ne pouvait produire que les notes données par la résonnance du corps sonore.

Au moyen de la main dans le pavillon, on arrive à produire tous les sons intermédiaires qui manquent pour compléter l'échelle chromatique, mais avec plus ou moins de facilité, et avec une sonorité voilée pour les uns et sourde pour les autres.

De ces différentes sonorités, sons ouverts, produits sans le secours de la main, sons voilés (demi-bouchés), sons sourds (tout à fait bouchés), il résulte une variété d'effets permettant d'exprimer toutes les nuances du sentiment, toutes les oppositions demandées aux couleurs; certaines notes paraissent être

---

(1) On dit le doigté pour désigner l'usage de la main dans le pavillon du cor simple. Plus loin, ce mot sera employé avec une autre acception.

ONS DU C

TON

éelles .

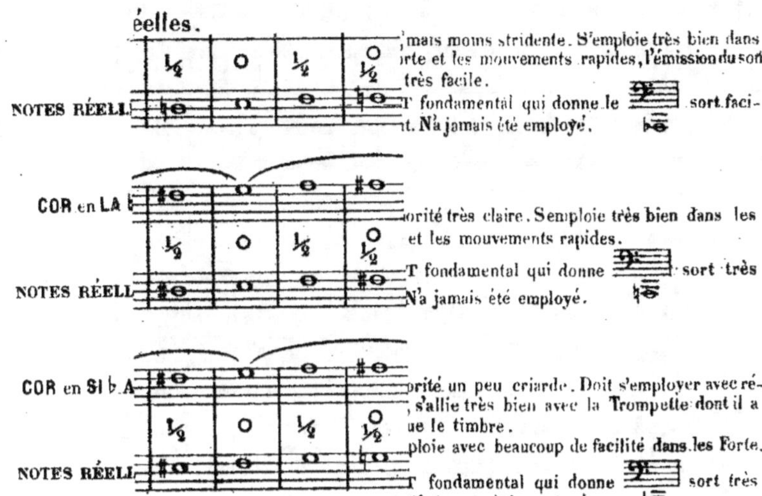

;mais moins stridente. S'emploie très bien dans
rte et les mouvements rapides, l'émission du son
très facile.
T fondamental qui donne le ⨾ sort faci-
t. N'a jamais été employé.

orité très claire. S'emploie très bien dans les
et les mouvements rapides.
T fondamental qui donne ⨾ sort très
N'a jamais été employé.

rité un peu criarde. Doit s'employer avec ré-
, s'allie très bien avec la Trompette dont il a
ue le timbre.
ploie avec beaucoup de facilité dans les Forte.
T fondamental qui donne ⨾ sort très
N'a jamais été employé.

Le ⨾ rs écrivent ces notes grave oi. A notre avis il est préférable de
les écrire c

Le ⨾ as sur cette note. La sec tte note, ne sortant avec justesse
que lorsque

Les 5 deuis on peut s'en servir en les ment; ainsi l'on peut très bien faire
⨾ que l'on doit exercer sur les ple si l'on avait un ⨾ à donner, il serai

Il faut de r ce passage ⨾ re un Cor en SI ♭ aigu et d'écrire
⨾ aie qui en résulterait, mai aux lèvres un trop grand travail,
et surtout p

N° 1
TABLEAU SYNOPTIQUE DES SONS DU COR
TIMBRE, SONORITÉ ET ÉTENDUE DE CHAQUE TON
Pris séparément et comparativement aux notes réelles.

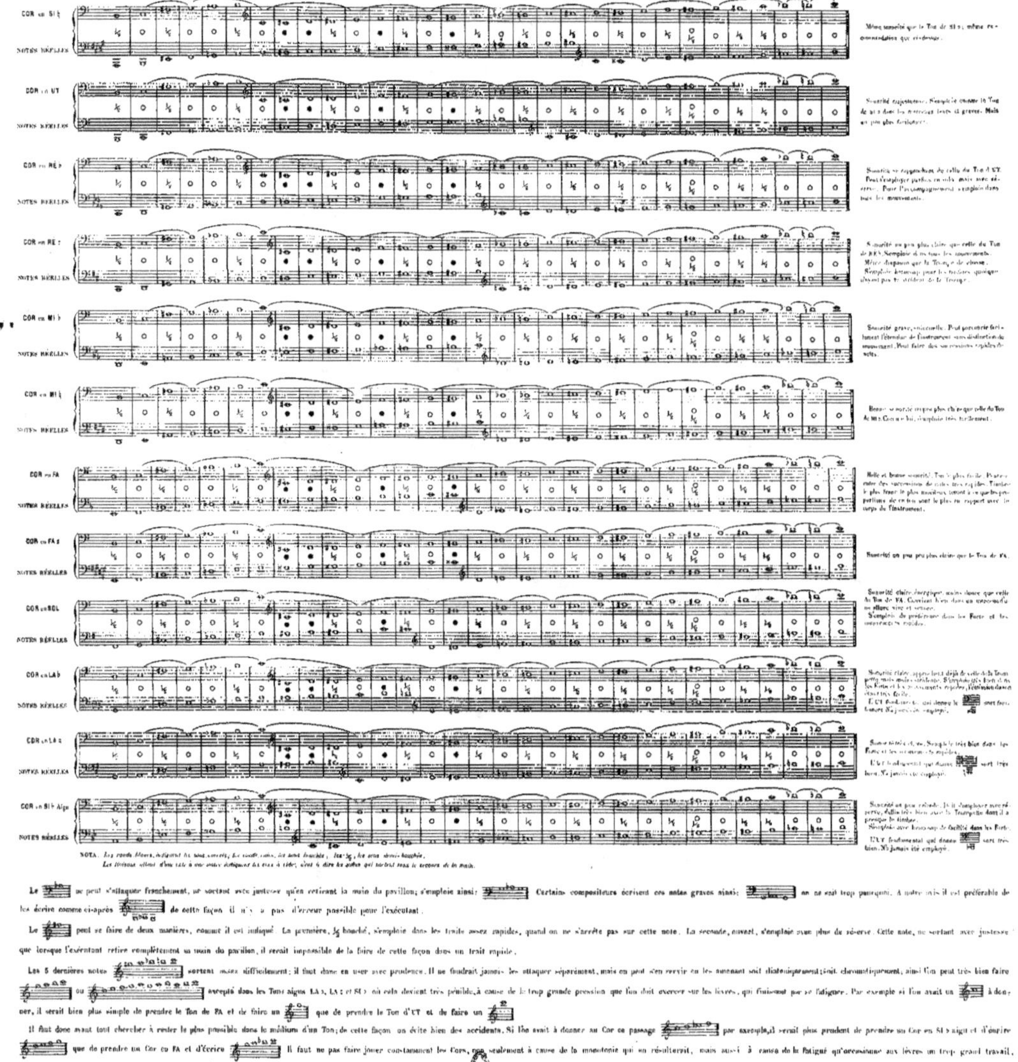

OBSERVATIONS.
Sons doux, moelleux, légèrement voilés. Convient aux morceaux lents et graves dont la sonorité se du Piano ou Mezzo-Forte. Éviter les solos avec ce Ton, ne s'en servir que pour l'accompagnement.

Même sonorité que le Ton de Si b; même recommandation que ci-dessus.

Sonorité majestueuse. S'emploie comme le Ton de Si b dans les morceaux lents et graves. Mais un peu plus éclatant.

en pleine lumière, tandis que les autres en sont comme les ombres ou les reflets.

Ces différentes combinaisons font du Cor simple un instrument d'une grande douceur et d'un charme pénétrant.

Aucun autre ne saurait faire éprouver mieux que lui les sentiments les plus élevés et les plus poétiques.

Souvent, deux ou trois notes de Cor produisent un grand effet.

Quel est l'instrument qui pourrait rendre comme celui-ci le commencement de l'ouverture d'*Obéron*?

(Voir ci-contre le grand tableau synoptique des sons du Cor, n° 1.)

Du Cor à pistons, ancien modèle.

De même que le Cor simple, le Cor à pistons se compose de deux parties : le corps de l'instrument et le *Ton*.

L'adaptation des pistons vers le milieu de l'instrument a pour but de rendre en sons ouverts les sons intermédiaires produits au moyen de la main dans le pavillon du Cor simple.

Rôle du piston.

Il y a deux sortes de pistons : le piston *descendant* et le piston *ascendant*.

A tous les deux est adaptée une coulisse sur le côté extérieur, ayant pour but d'allonger le corps sonore.

Mais par suite d'une disposition intérieure dont la description m'entraînerait trop loin, lorsque le piston *descendant* est au repos, la longueur de l'instrument n'est pas changée ; elle est augmentée de toute la longueur de la coulisse quand le piston est abaissé ; le son de l'instrument descend alors, et c'est pour cela que ledit piston est appelé *descendant*.

Le piston *ascendant* a un rôle tout contraire ; au repos, il allonge l'instrument de la dimension de sa coulisse ; abaissé, il la raccourcit de la même dimension. Dans ce dernier cas, le son de l'instrument s'élève, d'où ce nom de piston *ascendant*.

Mécanisme et combinaison des pistons.

Le Cor à pistons se joue généralement en *fa* ou en *mi*. Ce sont les deux meilleurs *Tons* pour jouer chromatiquement.

Le Ton de *fa* surtout, se trouvant au milieu de l'échelle chromatique des *Tons*, possède la meilleure sonorité et est employé de préférence.

Trois pistons *descendants* sont nécessaires pour obtenir toutes les notes chromatiques dans la partie grave de l'instrument.

Prenons le Ton de *fa*, et voyons ce que va nous donner la combinaison des pistons.

Le 2e est descendant d'un demi-ton ; il abaisse donc le corps sonore d'un demi-ton, et il met par conséquent l'instrument en *mi*.

Le 1er est descendant d'un ton ; baissant l'instrument d'un ton, il le met en *mi* bémol.

Si l'on abaisse le 1er et le 2e ensemble, le corps sonore se trouve baissé d'un ton et demi, et l'instrument est en *ré*.

Le 3e piston est descendant d'un ton et demi; il produit donc le même effet à lui seul que le 1er et le 2e réunis. On peut en conséquence mettre l'instrument en *ré* en abaissant le 3e piston.

En abaissant ensemble le 3e et le 2e piston, on baisse le corps sonore de 2 tons; l'instrument sera alors en *ré* bémol.

En abaissant le 3e et le 1er piston, on baisse le corps sonore d'une quarte, et l'instrument se trouve en *ut*.

Enfin, en abaissant les 3 pistons à la fois, on baisse le corps sonore de 3 tons, ce qui met l'instrument en *si* naturel.

Les pistons produisent l'effet d'un *changement instantané de Ton* depuis *fa* jusqu'à *si* naturel.

(Voir le tableau synoptique du Cor à 3 pistons en Fa, *ancien système, n° 2, page 9.)*

Mais pour obtenir le Ton de *si* bémol grave, il faudrait prendre le *Ton* de *mi* au lieu du *Ton* de *fa*, c'est-à-dire changer réellement de *Ton* et abaisser les 3 pistons.

Les *Tons* de *fa* dièze, *sol*, *la* bémol, *la* naturel et *si* bémol aigu ne peuvent s'obtenir qu'en *changeant de Ton,* comme cela se fait avec le Cor simple.

Si le compositeur veut se servir du *Ton* de *la*, il lui sera impossible d'en obtenir la sonorité avec ce système, puisqu'il n'a que les *Tons* partant de *fa* et descendant à *si*, à moins de prendre le *Ton* de *la*, ce qui nécessite un changement de *Ton* comme pour le Cor simple.

Voyons ce que va nous donner cette combinaison.

(Tableau n° 3, page 10.)

N° 2

TABLEAU SYNOPTIQUE

DU COR A TROIS PISTONS ANCIEN SYSTÈME

Indiquant l'effet de chaque piston produisant le changement instantané de Ton ou corps de rechange et en même temps la gamme chromatique.

TABLEAU SYNOPTIQUE DU COR EN *LA*

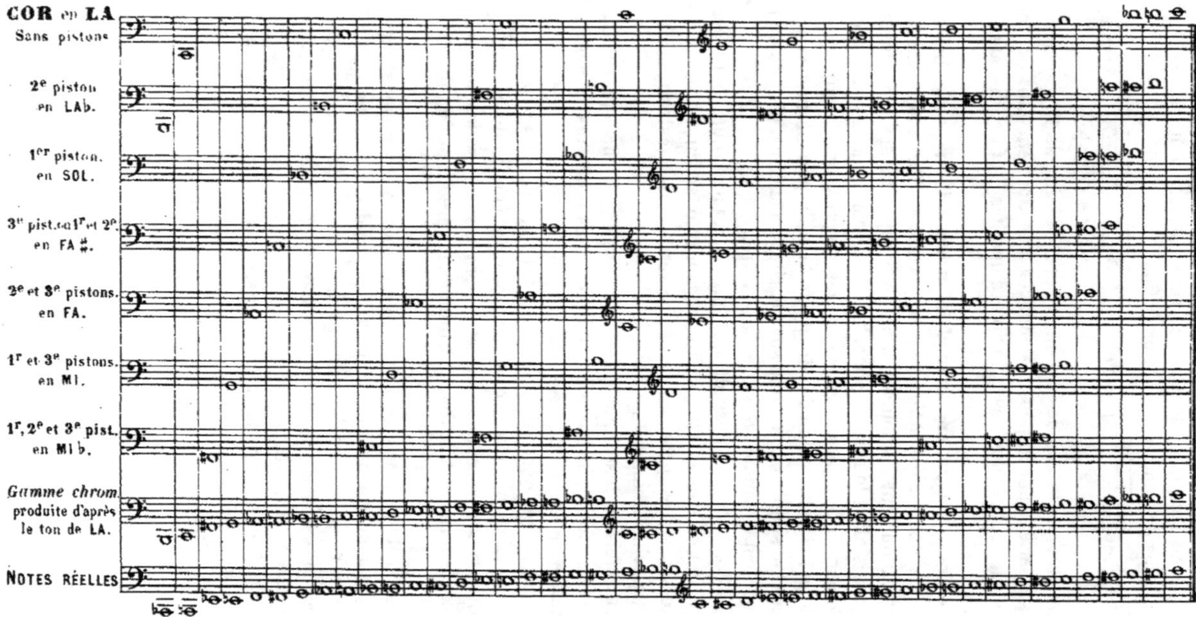

Avec ce Ton, la perte dans le grave est beaucoup plus sensible, puisqu'on ne peut plus descendre sans interruption

qu'au  les notes 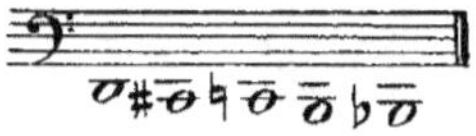 manquent.

On sait que le Ton de *la* a une sonorité claire, se rapprochant de la Trompette ; il serait donc impossible de jouer constamment dans ce Ton, car, alors, la douceur, qui est une des principales qualités du Cor, disparaîtrait complètement.

Le Cor à pistons, ancien modèle, arrive à donner avec une sonorité égale toutes les notes *chromatiques* se rapportant au *Ton* adapté au boisseau. Il en résulte qu'on peut l'employer sans préoccupation des différentes sonorités de Tons, mais alors le rôle du piston n'est pas celui que je viens de décrire ; il sert simplement à produire certaines notes d'après un doigté déterminé. (Ici le mot doigté signifie action des doigts de la main gauche sur les pistons.)

Le Cor simple n'a aucune supériorité sur le Cor à pistons au point de vue de la sonorité, comme on pourrait le croire.

Un Cor à pistons possède absolument la même qualité, la même beauté de son qu'un Cor simple s'il est fait par le même facteur, surtout s'il est bien conditionné, et s'il est joué non pas en se servant des pistons, mais avec la main dans le pavillon, comme pour le Cor simple.

Autrefois les instruments à pistons avaient des défectuosités, et au point de vue de la sonorité, ils laissaient à désirer ; les nouveaux facteurs d'instruments ont réalisé de grands progrès dans leur fabrication.

Jadis, les pistons étaient mal adaptés ; leurs correspondances avec le corps sonore n'étaient pas exactement en place ; les coudes nécessaires pour l'établissement des coulisses des pistons étaient trop brusques, les proportions mal établies; la forme même des instruments ne prêtait pas au développement de la sonorité.

Aujourd'hui tous ces défauts ont disparu ; les pistons joignent bien, les correspondances sont bien établies ; les coudes, convenablement recourbés, laissent le corps sonore dans une parfaite égalité de rondeur; la forme est mieux étudiée, la perce corrigée, et les proportions qui sont le résultat de nombreux tâtonnements sont excellentes.

Malgré tous ces perfectionnements, si le Cor à pistons n'a pas pu remplacer le Cor simple, c'est qu'il se trouve dans l'impossibilité de jouer dans tous les *Tons*, sans être obligé d'en changer comme ce dernier.

Emploi du Cor à l'orchestre.

La grande difficulté pour bien jouer du Cor à l'orchestre consiste précisément dans les *changements de Ton*.

Pour bien comprendre cette difficulté, quelques détails sont nécessaires.

Dans un morceau en *ré*, par exemple, si les 4 Cors font partie de l'orchestre et que le morceau soit *tonal*, c'est-à-dire qu'il ne sorte pas trop du ton, généralement le compositeur aura écrit deux Cors en *ré* et deux Cors en *la*.

De cette façon, il peut se servir de toutes les bonnes notes du Cor, qui sont les notes ouvertes (1), dans le ton du morceau avec les Cors en *ré*, et dans le ton de la dominante avec les cors en *la*.

Cela est très bien si le morceau reste dans le ton, ou si les modulations ne sont pas accompagnées par les Cors; mais, vienne une modulation en *sol* bémol, ou même en *mi* bémol, on ne peut plus se servir des Cors sans leur donner les notes bouchées et demi-bouchées, lesquelles n'ont, comme nous le savons, qu'une faible sonorité.

Si, à cet endroit, le compositeur veut de la force, il ne peut employer les Cors qu'après les avoir fait *changer de Ton*, en *sol* bémol ou en *mi* bémol.

Mais, pour cela, il faut leur donner des mesures à compter pour leur permettre de faire ce changement qui est assez long, puisqu'il faut retirer ce *Ton* de l'instrument, le mettre dans la boîte, le remplacer par un autre, et souvent, à l'attaque, une fausse note se produit si l'instrumentiste n'est pas excellent musicien, parce que le travail du *changement de Ton* lui aura fait perdre l'intonation.

Que sera-ce si le morceau est chromatique ?

Le Cor simple deviendra impossible à écrire, parce qu'il ne pourra donner toutes les notes avec la sonorité voulue.

Ici, le Cor à pistons a donc cet avantage que toutes les notes sortant avec la même sonorité sera employé de préférence ; mais cette égalité sonore ne compense pas la perte des effets variés que nous avons reconnus être la richesse du Cor simple.

Cette variété si estimée des compositeurs qui en savent faire l'emploi, il fallait la conserver avant tout ; elle ne peut pas être fournie par le Cor à pistons actuel qui ne peut pas jouer en *fa* dièze, en *sol*, en *la* bémol, en *la* naturel, en *si* bémol aigu et en *si* bémol grave.

La sonorité de ces *Tons* ne saurait être rendue par le Cor à pistons en *fa*, puisque les pistons sont descendants.

(1) Celles données par la résonnance du corps sonore.

Certains facteurs d'instruments ont bien déjà essayé de remédier à cet inconvénient en rendant le 3ᵉ piston *ascendant* d'un ton, ce qui met l'instrument en *sol*, lorsqu'on l'emploie ; mais les *Tons* de *la* bémol, *la* naturel et *si* bémol ne peuvent toujours pas être employés, et dans le grave, on supprime les *Tons* de *ré* bémol, *ut, si* naturel et *si* bémol grave.

Le Cor simple ne saurait être supprimé sans porter le plus grave préjudice à une bonne exécution des œuvres des anciens maîtres, car la plupart, pour ne pas dire toutes, sont écrites intentionnellement dans certains *Tons.*

Pourtant nous n'en sommes plus à l'époque des Lulli et des Rameau ; la forme chromatique de la musique moderne réclame le concours d'un instrument plus savant, pouvant facilement obéir aux exigences des combinaisons harmoniques, et, par la force des choses, on a dû arriver à l'emploi du Cor à pistons actuel, malgré son infériorité au point de vue de l'étendue des sons que je viens de reconnaître au Cor simple.

N'y avait-il pas moyen de concilier ces deux termes qui paraissaient jusqu'à présent s'exclure : étendue de l'échelle totale des sons produits par le Cor simple et homogénéité des sons donnés par le Cor à pistons ?

Si je ne m'abuse, l'instrument dont je suis l'inventeur est un Cor réunissant les avantages des deux autres, sans avoir les défauts du Cor à pistons actuel, et sans imposer comme le simple l'adaptation des *corps de rechange* pour produire les *changements de Ton,* lesquels, avec mon système, sont produits *instantanément.*

EXPOSÉ DU SYSTÈME CHAUSSIER

Pendant un séjour que je fis en Allemagne, engagé dans l'orchestre de M. Bilse, je fus bien obligé de me servir du Cor à pistons.

J'eus alors à faire un apprentissage pénible, et bien des fois je fus gêné par des transpositions qui me paraissaient absurdes, car je devais me conformer à l'usage allemand, qui consiste à jouer toute musique avec le *Ton* de *fa*, même la musique ancienne, l'emploi de la main dans le pavillon étant complètement abandonné dans ce pays.

L'idée d'avoir un Cor qui jouât la note réelle m'était bien des fois venue à l'esprit, et j'avais même essayé de me servir du Cor à pistons en *ut*.

Mais ce *Ton* grave n'a pas une sonorité assez forte, et je l'abandonnai bientôt pour revenir au *Ton* de *fa*, qui est le plus sonore des *Tons*.

Cependant, le système consistant à employer toujours le *Ton* de *fa*, avec obligation de transposer constamment, est tout à fait illogique, car les parties de Cor ne sont pas toutes écrites pour Cor en *fa*. — Il y en a pour Cor en *mi*, pour Cor en *si*, etc..., en un mot pour tous les degrés de l'échelle chromatique.

Qu'un morceau soit, par exemple, écrit pour le Cor en *mi*, ce Cor en *fa* sera obligé de jouer un demi-ton plus bas que la note écrite, et la note réelle sera rendue une quinte au-dessous de celle qu'il sera obligé de jouer.

Il en résultera une double difficulté, puisque, à l'inconvénient primitif de ne pas jouer la note réelle, s'ajoutera celui d'une nouvelle transposition dans la pensée de l'exécutant.

Avec un instrument donnant la note réelle et qui serait, — d'après l'appellation consacrée, — un instrument en *ut*, si l'on avait à jouer une partie écrite pour Cor en *fa*, en *mi*, etc..., il y aurait bien encore lieu de faire une transposition; mais celle-ci serait du moins logique, car l'exécutant saurait quelle note il produit réellement, et, ainsi qu'il arrive avec l'instrument en *fa*, il n'ignorerait pas la tonalité du morceau.

Pénétré de ce sentiment qu'une réforme était nécessaire, j'entrepris de réaliser le Cor en *ut* répondant à ce *desideratum*.

Je fis d'abord le plan du Cor simple, tel qu'il est, en superposant chromatiquement les divers *Tons*, depuis si bémol grave jusqu'à si bémol aigu.

Je fis également celui du Cor à pistons en *fa*, pour les mettre en parallèle.

Ce travail assez simple m'amena à penser qu'il n'était pas impossible d'augmenter l'étendue du Cor à pistons en le divisant en deux; c'est-à-dire en faisant un Cor en *ut*aigu sans le secours des pistons, lequel, au moyen d'une noix ou cylindre, produisant l'effet du piston, adaptée au-dessous de la coulisse d'accord, pourrait être mis en *fa* sans le secours desdits pistons.

Cela me créait deux instruments en un seul.

Lorsque le Cor était en *ut*, en employant le deuxième piston descendant d'un demi-ton, j'obtenais le *Ton* de *si* naturel aigu.

En me servant du 1er piston descendant d'un ton, j'obtenais le *Ton* de *si* bémol aigu.

En me servant des deux premiers réunis, ou en me servant du 3e piston descendant d'un ton et demi, j'obtenais le *Ton* de *la*.

En me servant du 1er et du 3e piston réunis, j'obtenais le *Ton* de *sol*, et en me servant des 3 pistons à la fois, j'obtenais le *Ton* de *fa* dièze.

Pour obtenir le *Ton* de *fa*, je n'avais qu'à laisser remonter les 3 pistons, tourner la noix de la coulisse d'accord, et, en changeant les petites coulisses des pistons, pour que les proportions fussent justes, j'obtenais : le *Ton* de *mi*, en abaissant le 2e piston; le *Ton* de *mi* bémol, en abaissant le 1er piston; le *Ton* de *ré*, en abaissant les 2 premiers réunis ou le 3e; le *Ton* de *ré* bémol, en abaissant les 2 derniers; le *Ton* d'*ut*, en abaissant le 1er et le 3e; enfin j'obtenais le *Ton* de *si* naturel, en abaissant les 3 pistons.

Je fis fabriquer cet instrument chez un facteur très intelligent, M. Millereau, de Paris, possesseur de l'outillage destiné à la fabrication des Cors portant la marque Raoux; M. Raoux était lui-même facteur et corniste; il était arrivé à donner au Cor les proportions les plus rationnelles pour obtenir la meilleure qualité de son.

Ce premier essai ne fut pas heureux; la partie des *Tons* d'*ut* aigu à *fa* dièze avait une mauvaise sonorité; le *Ton* d'*ut* surtout et celui de *si* naturel n'étaient pas acceptables.

Loin d'être découragé par cet échec, je repris mon travail, et c'est alors que l'idée me vint de substituer des pistons *ascendants* aux pistons *descendants*, et pendant quelques jours, mon travail ne fut que tracé de tableaux synoptiques se succédant avec des combinaisons différentes.

Finalement, je m'arrêtai à une combinaison qui me fournissait chromatiquement tous les *Tons* depuis *mi bémol* jusqu'à *si* bémol aigu.

Je fis établir ce nouveau Cor, qui me donna bien ce que j'en attendais, c'est à-dire la sonorité de chaque *Ton* du Cor simple; mais pour l'employer comme Cor à pistons, c'est-à-dire chromatiquement, c'était une tout autre affaire.

Le doigté résultant de la combinaison des pistons n'était plus le même, parce que les pistons n'avaient plus la même destination.

Il fallait donc créer un autre doigté, du reste tout indiqué par les harmoniques de chaque *Ton*.

Ce doigté n'est pas plus compliqué que l'ancien, et je puis dire aujourd'hui qu'il est supérieur pour l'exécution des arpèges, et que dans celle des ton s chargés d'accidents, il offre une bien plus grande facilité; les trilles, notamment, s'exécutent sans peine. — On fait plus de trilles en ne se servant que d'un doigt, et lorsqu'on doit employer deux doigts, l'exécution est bien moins gauche.

Description du Cor système Chaussier.

Comme dans l'ancien système, le 1er piston est *descendant* d'un ton; le 2e est *ascendant* d'un demi-ton et le 3e est *ascendant* de 2 tons.

Lorsque l'on ne se sert pas des pistons, le corps sonore de l'instrument est en *fa*.

J'ai choisi ce *Ton*, parce que, ainsi que je l'ai déjà dit, il est le meilleur, réunissant la sonorité à la douceur; il est en outre le plus franc, parce qu'il occupe le milieu de l'échelle des *Tons*.

Le corps sonore de l'instrument étant en *fa*, si l'on abaisse le 1er piston *descendant d'un ton*, on obtiendra donc le *Ton* de *mi* bémol.

Si l'on conserve le 1er abaissé et que l'on abaisse encore le 2e piston qui est *ascendant* d'un demi-ton, on obtient le *Ton* de *mi* naturel.

Le *Ton* de *fa* se produit à vide; il faudra laisser remonter ces 2 pistons.

On obtient le *Ton* de *fa* dièze en abaissant le 2e piston *ascendant d'un demiton*.

On obtient le *Ton* de *sol* en abaissant ensemble le 3e piston *ascendant de 2 tons*, et le 1er piston *descendant d'un ton*.

On obtient le *Ton* de *la* bémol en abaissant les 3 pistons.

On obtient le *Ton* de *la* naturel en abaissant le 3e seul, puisqu'il est *ascendant* de 2 tons, et pour obtenir le *Ton* de *si* bémol aigu, on abaisse le 3e et le 2e piston.

Comme on le voit, on peut jouer à la manière du Cor simple, en *mi* bémol, *mi* naturel, *fa*, *fa* dièze, *sol*, *la* bémol, *la* naturel et *si* bémol aigu.

Pour jouer chromatiquement cet instrument, on n'a qu'à appeler par leur nom les notes qui sont produites, et l'on obtient ainsi un Cor non transpositeur qui n'a plus de *Ton* déterminé et qui peut donner toutes ses notes avec une sonorité homogène.

Il m'a suffi, pour rendre ce Cor complet et parfait, de lui adjoindre les *Tons* de *ré*, *ré* bemol, *ut*, *si* naturel et *si* bémol grave.

Pour cela, il a fallu ajouter un 4e piston qui est actionné par la première phalange du pouce, laquelle fait mouvoir un levier correspondant à une noix rotative ou cylindre qui produit l'effet d'un piston *descendant* d'une quarte ; en sorte que, par l'emploi de ce cylindre, l'instrument se trouve dans le *Ton d'ut*.

Pour obtenir le *Ton* de *ré*, il faut abaisser ce cylindre que j'appellerai 4e piston et en même temps abaisser les 3 autres.

Le *Ton* de *ré* bémol s'obtient en abaissant le 4e, le 1er et le 3e piston.

Le *Ton* de *si* naturel s'obtient en abaissant le 4e, le 1er et le 2e piston.

Le *Ton* de *si* bémol grave s'obtient en abaissant le 4e et le 1er piston.

Lorsqu'on joue dans les *Tons* graves à la manière du Cor simple, c'est-à-dire avec la main dans le pavillon, pour produire les notes intermédiaires, il est nécessaire d'allonger la coulisse d'accord de l'instrument et aussi celle des pistons *descendants* au fur et à mesure que l'on descend ; chacun sait en effet que, plus l'on va dans le grave, plus les proportions de l'instrument ont besoin d'être allongées.

(*Voir les tableaux synoptiques du Cor, pages* 18 *et* 19, n°s 4 *et* 5.)

Cet instrument ainsi construit remplace avantageusement le Cor simple, puisqu'il réunit à lui seul tous ses *Tons* dont les changements deviennent instantanés, et le Cor à pistons ancien système, puisqu'il en donne toutes les notes chromatiques avec homogénéité, et cela dans toute l'étendue de l'instrument.

D'après la convention établie, cet instrument s'appelle Cor en *ut*. Au commencement de la présente notice, j'ai émis un doute sur la justesse de cette dénomination. Mes lecteurs comprendront facilement que ledit instrument devrait s'appeler de préférence Cor omnitonique. N'ayant plus de *Tons*, il est dans tous les tons.

Il supprime l'emploi de la boîte, meuble encombrant à l'orchestre.

Autre avantage tout au profit de la musique elle-même : il n'est plus besoin de donner des mesures à compter pour permettre d'opérer les chan-

2

N° 4

TABLEAU SYNOPTIQUE DU COR (Système Chaussier.)

Avec les Tons de rechange, les pistons qui les représentent et la gamme chromatique qui en résulte.

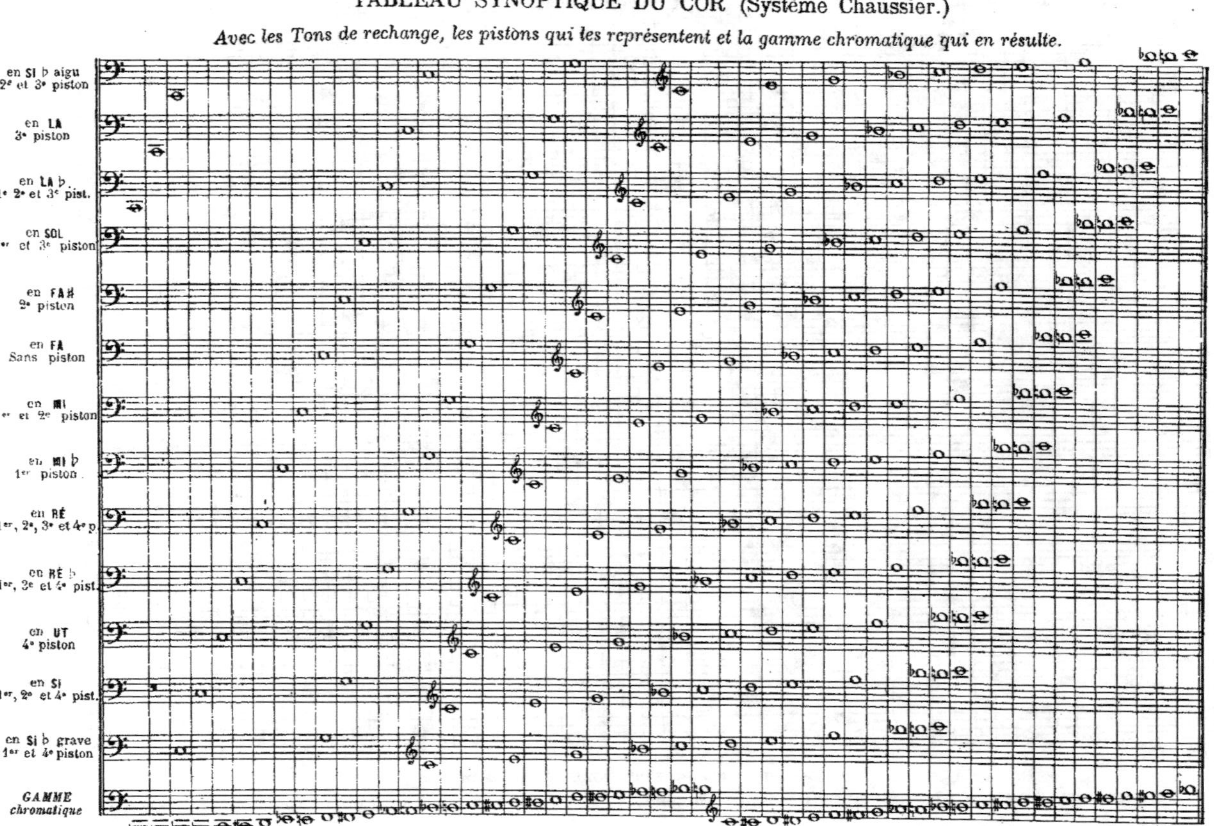

N° 5

AUTRE TABLEAU SYNOPTIQUE DU MÊME COR (Système Chaussier.)

Indiquant la combinaison des pistons donnant la gamme chromatique sans transposition au mouen des harmoniques

N° 5

AUTRE TABLEAU SYNOPTIQUE DU MÊME COR (Système Chaussier.)

Indiquant la combinaison des pistons donnant la gamme chromatique sans transposition au moyen des harmoniques produites par la résonnance du corps sonore.

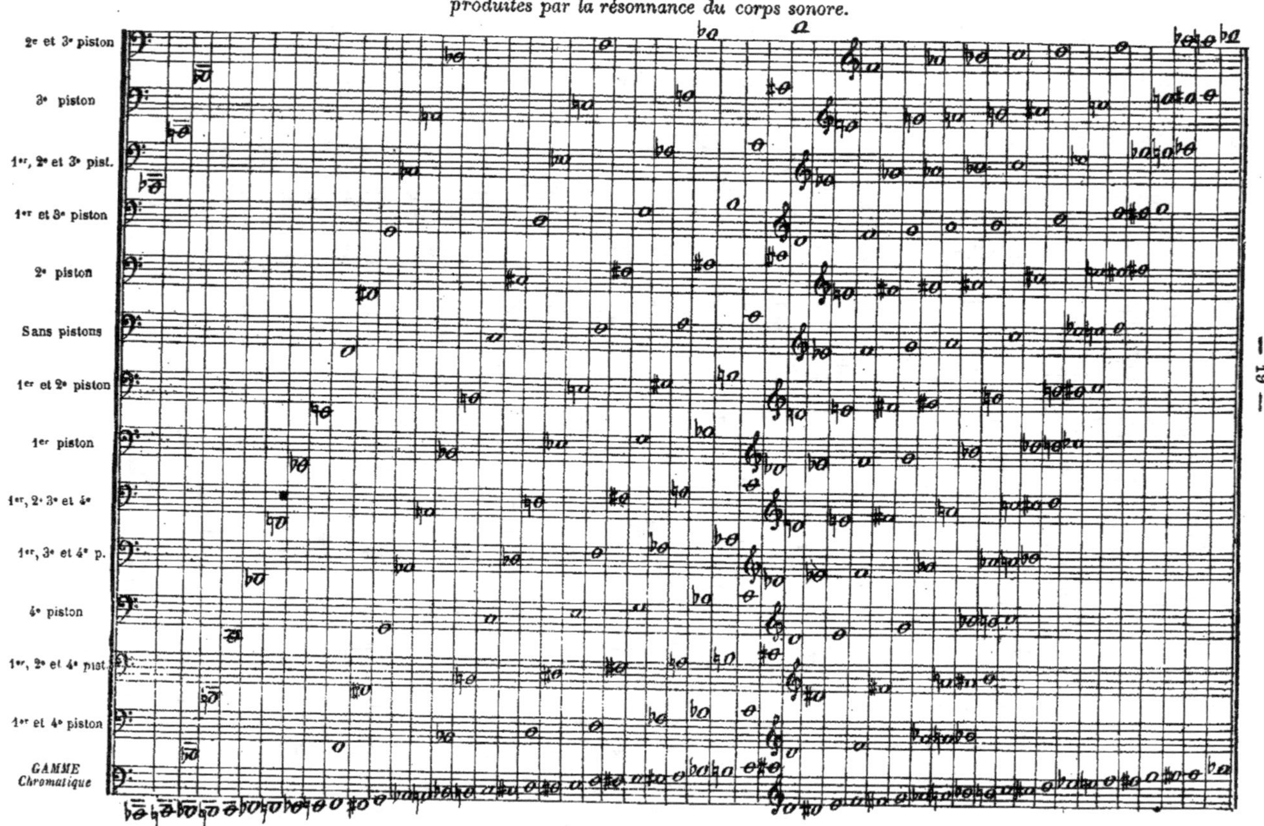

gements de Tons ; le compositeur n'aura donc plus ce souci, dans le cas où il voudrait varier les *Tons*. Si, au contraire, il croit pouvoir se passer de cette diversité, combien la partition ne deviendra-t-elle pas plus claire! Les fautes d'écriture, s'il y en a, seront très faciles à corriger, et la réduction au piano d'une partition d'orchestre sera chose toute simple.

Au point de vue de l'exécution, voici quel sera le profit de cette innovation : l'instrumentiste aura beaucoup plus de sûreté pour l'attaque, car il n'aura pas perdu l'intonation dont il aura conservé le sentiment ; l'instrument se trouvant toujours à la même température, les *couacs* si désagréables qui semblent être l'apanage des Cors ne se produiront plus. Bien des personnes ne se rendent pas compte qu'avec l'ancien système l'attaque d'une note, lorsqu'on vient de *changer de Ton,* est des plus scabreuses. Il est pourtant facile de comprendre qu'au moment où l'on remet sur l'instrument un nouveau *Ton,* celui-ci ne se trouve pas au même degré de température que le corps de l'instrument.

Si l'instrumentiste n'a pas le soin de pousser un peu la coulisse d'accord de l'instrument et de souffler dedans pour l'échauffer, ce qui souvent n'est pas possible faute de temps, la note étant trop basse, il doit pincer les lèvres pour lui donner la justesse, et c'est à ce moment que se produit un *couac,* résultat de l'effort trop souvent mal calculé.

Avec mon instrument, on n'a pas cela à craindre, puisqu'il est toujours à la même température, et conserve toujours le même diapason.

Pour ne pas me répéter inutilement, je prie mes lecteurs de vouloir bien se rappeler tout ce que je viens de dire relativement au Cor ; cela s'appliquera aux divers instruments que j'ai encore à décrire.

LA TROMPETTE

De même que le Cor, la Trompette se compose de deux parties : le corps de l'instrument et le *Ton*.

La Trompette possède 12 Tons de rechange qui sont : *la* bémol, *la* naturel, *si* bémol, *si* naturel, *ut*, *ré* bémol, *ré* naturel, *mi* bémol, *mi* naturel, *fa*, *sol* bémol et *sol* naturel.

Le plus grave de ces Tons, *la* bémol, est à l'unisson du Ton de *la* bémol du Cor ; mais comme la Trompette est composée en plus grande partie de tubes cylindriques, le son en est beaucoup plus strident.

De même pour les Tons de *la* naturel et *si* bémol aigu. Les Tons de la Trompette *si* naturel, *ut*, *ré* bémol, *ré* naturel, *mi* bémol, *mi* naturel, *sol*, *fa* bémol et *sol* naturel sont donc à l'octave supérieure du Cor et avec une sonorité toute particuliére.

De même que le Cor, la Trompette est un instrument transpositeur qui n'obtient des successions chromatiques qu'au moyen des *changements de Ton*.

(Voir tableau synoptique de la Trompette, page 22, n° 6.)

Pour faire une gamme chromatique, il faudrait donc 12 instrumentistes, comme cela se fait avec les cornets russes.

De la Trompette à coulisse

C'est M. Cerclier, professeur au Conservatoire, qui, le premier, eut l'idée de se servir de la coulisse d'accord pour obtenir des demi-tons chromatiques. Cette idée était fort ingénieuse, puisqu'elle permettait de baisser l'instrument d'un demi-ton en tirant la coulisse d'une certaine longueur ; puis d'un ton, en la tirant du double.

Cela créait ainsi 3 positions qui permettaient de jouer chromatiquement dans une grande partie de l'instrument.

(Voir tableau synoptique de la Trompette à coulisse en Fa, page 23, n° 7.)

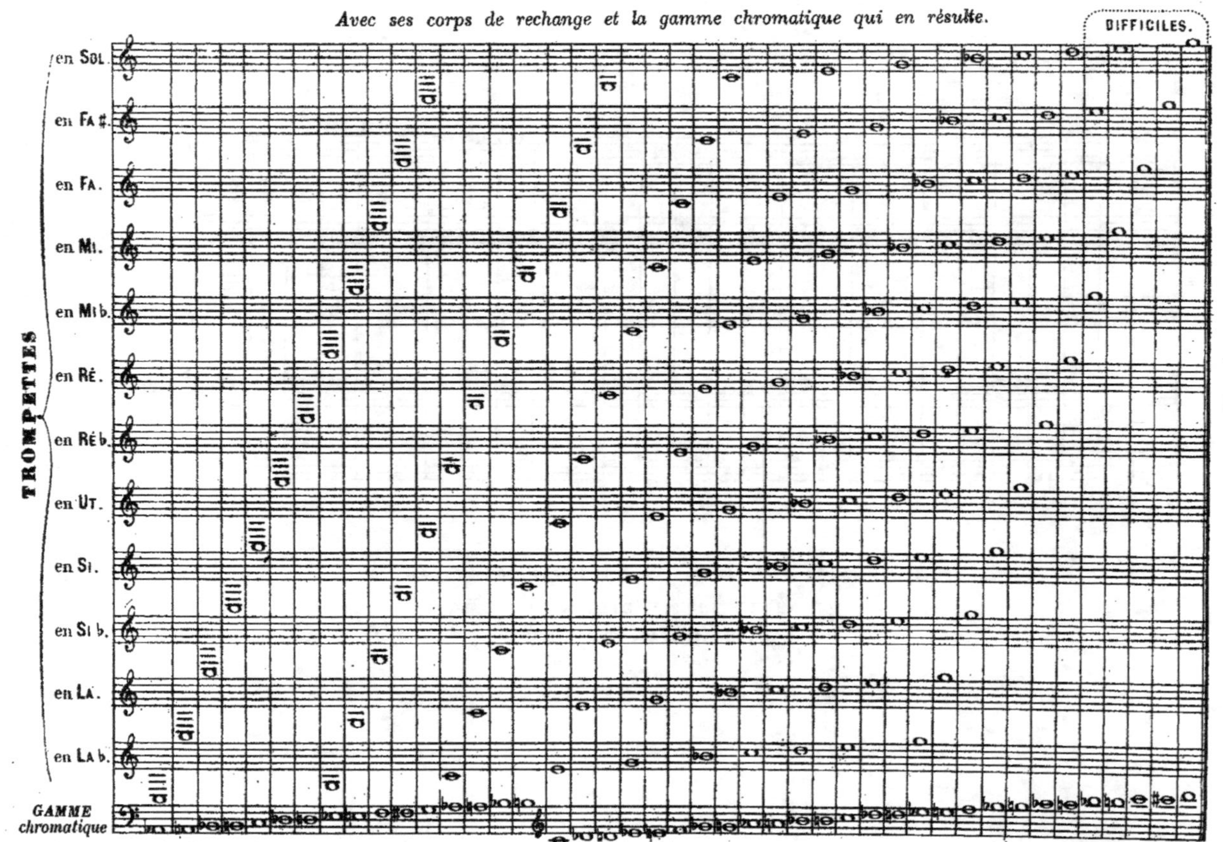

N° 6
TABLEAU SYNOPTIQUE DE LA TROMPETTE
Avec ses corps de rechange et la gamme chromatique qui en résulte.
DIFFICILES.
TROMPETTES
en Sol.
en Fa ♯.
en Fa.
en Mi.
en Mi b.
en Ré.
en Ré b.
en Ut.
en Si.
en Si b.
en La.
en La b.
GAMME chromatique

N° 7

TABLEAU SYNOPTIQUE

DE LA TROMPETTE A COULISSE EN *Fa*

Avec ses trois positions et la gamme chromatique qui en résulte.

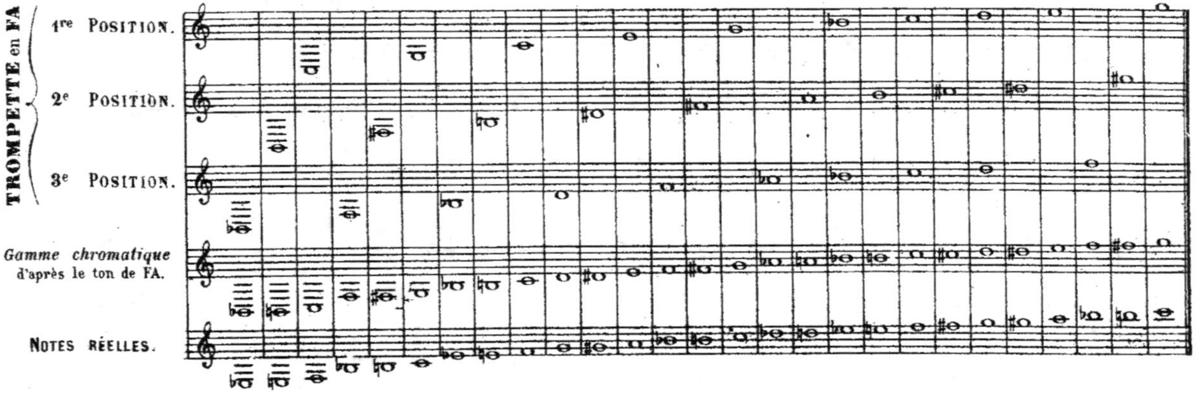

De la Trompette à pistons

Comme pour le Cor, l'adaptation des pistons sur la Trompette a pour but de rendre les notes intermédiaires qui manquent entre les harmoniques naturelles données par la résonnance du corps sonore.

Trois pistons descendants sont employés : le premier descend d'un ton, le deuxième d'un demi-ton et le troisième d'un ton et demi.

(*Voir tableau synoptique de la Trompette à trois pistons, page 25, n° 8.*)

On transpose donc chromatiquement par la combinaison des pistons de demi-ton en demi-ton, depuis le Ton de sol jusqu'au Ton de ré bémol.

Il manque pour jouer dans toute l'étendue de la Trompette les Tons d'*ut*, de *si*, de *si* bémol, de *la* et de *la* bémol.

Pour jouer dans ces Tons, il faudrait prendre la Trompette en *ré* ; mais alors, on n'aurait plus les *Tons* de *mi* bémol, de *mi* naturel, de *fa*, de *fa* dièze et de *sol*.

Ce système, le même du reste que celui qui est appliqué au Cor, est donc incomplet, parce qu'il ne permet pas de jouer dans toute l'étendue de l'instrument.

Il a tous les inconvénients des *changements de Ton* que j'ai signalés pour le Cor.

Application du système Chaussier à la Trompette

En recevant l'application de mon système, la Trompette devient un instrument complet dans toute son étendue.

(*Voir tableau synoptique de la Trompette omnitonique et chromatique, système Chaussier, page 26, n° 9.*)

Il faut remarquer que les Tons graves de *la* bémol et *la* naturel sont supprimés et reportés dans l'aigu.

N° 8

TABLEAU SYNOPTIQUE

DE LA TROMPETTE A TROIS PISTONS

Indiquant l'effet de chaque piston produisant le changément instantané de Ton ou corps de rechange et en même temps la gamme chromatique.

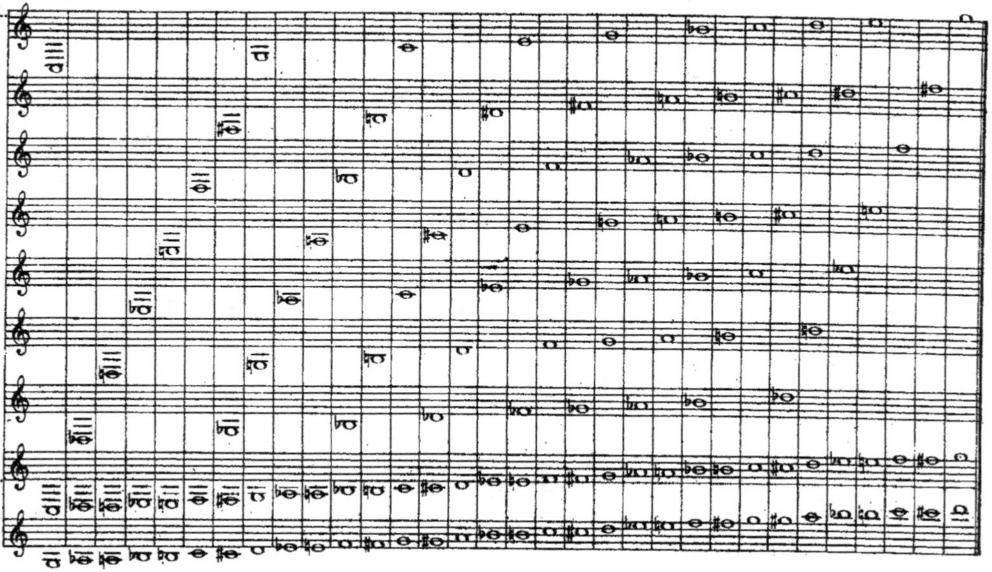

TROMPETTE en SOL.
Sans pistons.

2e piston.
en FA♯.

1er piston.
en FA♮.

3e piston ou 1r et 2e
en MI.

3e et 2e pistons.
en MI ♭.

3e et 1r pistons.
en RÉ.

1r 2e et 3e pistons.
en RÉ ♭.

Gamme chromatique
produite d'après le ton de SOL.

NOTES RÉELLES.

Les chiffres indiquent les pistons correspondants,
et le zéro indique que les notes sortent à vide c'est-à-dire sans le secours des pistons.

Nº 9 TABLEAU SYNOPTIQUE DE LA TROMPETTE OMNITONIQUE ET CHROMATIQUE (Système Chaussier.)

Indiquant les Tons ou corps de rechange représentés par les pistons; la gamme chromatique et son doigté rationnel.

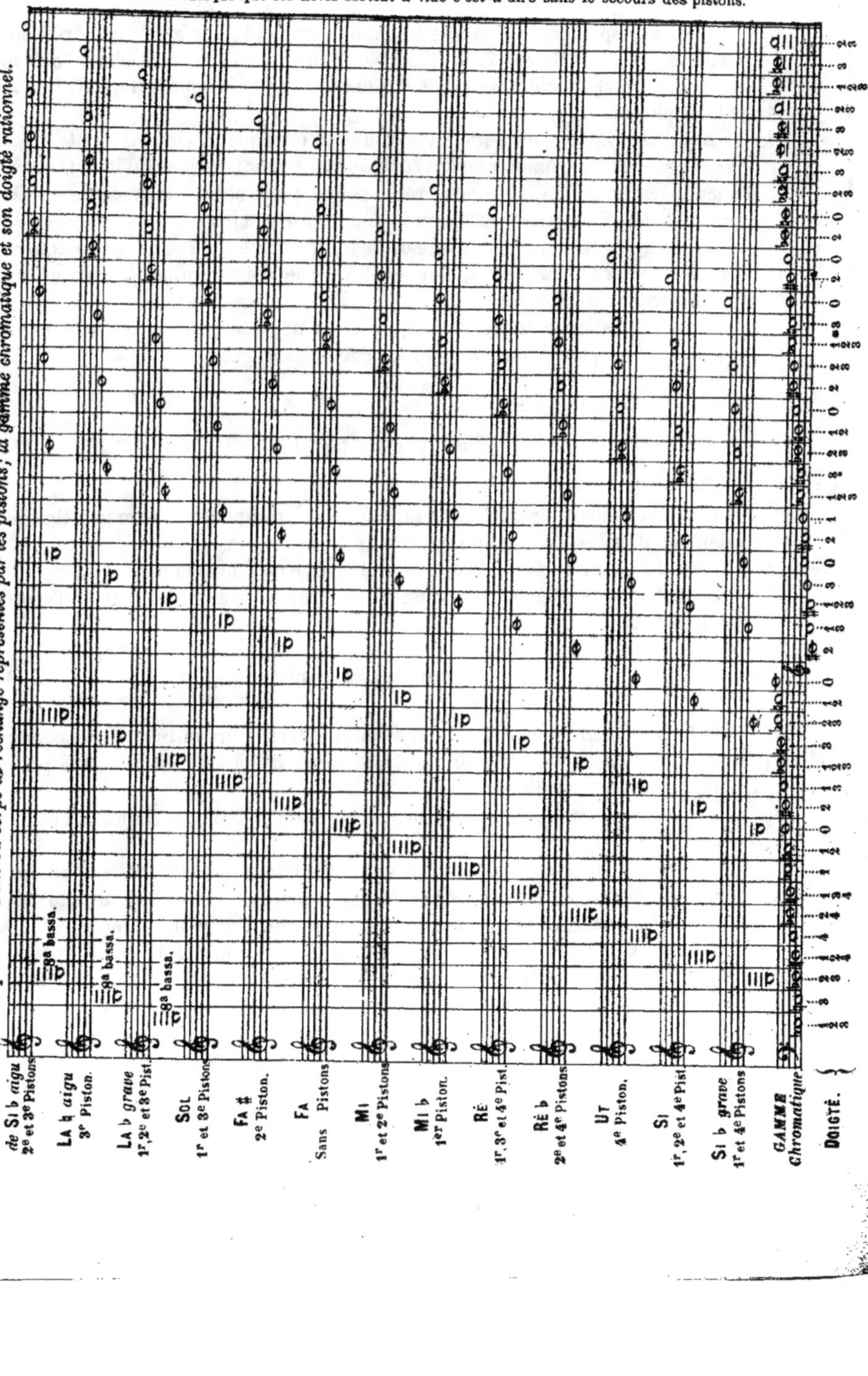

TONS

- de Si ♭ aigu — 2ᵉ et 3ᵉ Pistons
- LA ♮ aigu — 3ᵉ Piston.
- LA ♭ grave — 1ʳ, 2ᵉ et 3ᵉ Pist.
- SOL — 1ʳ et 3ᵉ Pistons
- FA ♯ — 2ᵉ Piston.
- FA — Sans Pistons
- MI — 1ʳ et 2ᵉ Pistons
- MI ♭ — 1ᵉʳ Piston.
- RÉ — 1ʳ, 3ᵉ et 4ᵉ Pist.
- RÉ ♭ — 2ᵉ et 4ᵉ Pistons
- UT — 4ᵉ Piston.
- SI — 1ʳ, 2ᵉ et 4ᵉ Pist.
- SI ♭ grave — 1ʳ et 4ᵉ Pistons

8ª bassa. (indiqué sur les trois premières portées)

GAMME Chromatique

DOIGTÉ.

Cette transposition a été faite intentionnellement ; il y a peu d'instrumentistes qui se servent de ces *Tons* ; il est bien préférable de les posséder à l'octave supérieure, parce qu'alors les notes sortent avec plus de netteté et que l'attaque est bien plus sûre.

Avec ce système, on peut jouer toute la musique ancienne, écrite avec *changements de Ton*, en employant ceux qui sont indiqués, sans qu'il soit besoin d'aucune transposition, sous cette réserve que, pour obtenir la justesse nécessaire dans les *Tons* graves, on devra allonger un peu les coulisses d'accord de l'instrument, lequel étant construit sur les proportions du *Ton* de *fa* ne pourra chromatiquement jouer juste qu'en employant le doigté rationnel indiqué au tableau synoptique ci-dessus.

Tous les instrumentistes savent, je le répète, que, plus on descend dans les *Tons* graves, plus il faut allonger les coulisses d'accord.

LE TROMBONE

Cet instrument, de même nature que la Trompette, a le même timbre strident, et il en est la continuation dans le grave.

C'est un instrument non transpositeur, parce qu'il joue la note réelle.

Il existe deux sortes de Trombones : le Trombone à coulisse et le Trombone à pistons.

Du Trombone à coulisse

Cet instrument, que je n'ai pas besoin de décrire, produit des successions chromatiques de sons au moyen du déplacement de sa coulisse qui est la plus grande partie de l'instrument.

Il existe trois sortes de Trombones à coulisse : le Trombone alto, le Trombone ténor et le Trombone basse.

Ces trois instruments ont des proportions différentes établies suivant le principe de la hauteur du son que j'ai exposé page 3 ; mais aujourd'hui les instrumentistes en France ne se servent plus que du Trombone ténor.

Lorsque la coulisse est enfoncée, l'instrument se trouve dans sa plus petite longueur et donne les harmoniques de *si* bémol ; l'instrument alors est à la 1re position.

La 2e position s'obtient en éloignant la coulisse de l'embouchure de façon à allonger l'instrument de 6 centimètres et demi environ. Cette position donne les harmoniques de *la* naturel.

Par des allongements successifs de même dimension on obtient :

A la 3ᵉ position, les harmoniques de *la* bémol.

  — 4ᵉ   —   de *sol.*

  — 5ᵉ   —   de *fa* dièze.

  — 6ᵉ   —   de *fa* naturel,

  — 7ᵉ   —   de *mi* naturel.

L'instrument à la 7ᵉ position est dans sa plus grande longueur.

(Voir tableau synoptique du Trombone à coulisse, page 29, n° 10.)

Il est facile de se rendre compte par ce tableau que les *changements de position* de la coulisse correspondent aux *changements instantanés de Ton du Cor.*

Ce moyen de produire des sons chromatiques est en réalité le meilleur et le plus rationnel : le meilleur, parce que la colonne d'air n'est jamais coupée, et le plus rationnel, parce que le musicien peut donner immédiatement la justesse réelle qui ne se produit pas toujours par l'emploi d'un piston.

Le Trombone à coulisse est donc à tous les points de vue un instrument parfait que je ne vois pas la nécessité de modifier.

Du Trombone à pistons.

J'ai dit plus haut que le Trombone à coulisse était en *ut*, bien que donnant à sa première position les harmoniques de *si* bémol ; il est appelé en *ut* parce qu'il joue la note réelle et qu'il ne transpose pas.

C'est donc bien à tort qu'en adaptant des pistons au Trombone, on a mis cet instrument eu *ut* dans sa plus petite longueur, c'est-à-dire lorsqu'il joue sans le secours des pistons.

C'est en *si*-bémol qu'il fallait le mettre ; de cette façon il aurait conservé le son du Trombone à coulisse ; tout le monde sait en effet que le Trombone à pistons n'a pas du tout le même son que le Trombone à coulisse.

Cette différence de son ne provient que de la différence des longueurs.

C'est principalement pour répondre au besoin des musiques militaires que les pistons ont été adaptés au Trombone.

L'étude de cet instrument est assez longue, et il faut être excellent musicien pour le jouer.

Lorsque de bons trombonistes quittent le régiment, il n'est pas facile de les remplacer.

N° 10

TABLEAU SYNOPTIQUE DU TROMBONE A COULISSE

Production de la gamme chromatique par le moyen des sept positions.

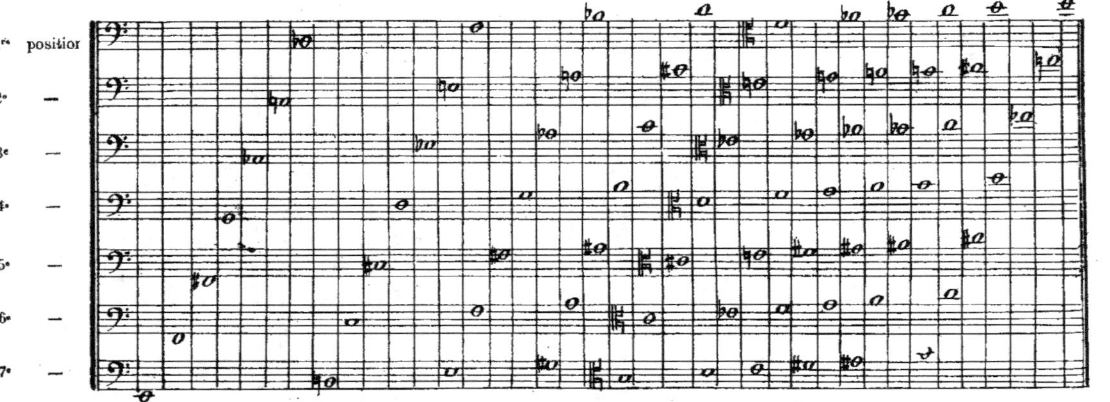

Avec le Trombone à pistons, pas d'études spéciales ; si un Tromboniste solo vient à manquer, il est remplacé par un musicien qui jouait de l'Alto, ou du Baryton, ou de la Basse.

Le Trombone à pistons non seulement perd en qualité de son, mais encore n'a plus l'étendue du Trombone à coulisse.

***

(Voir tableau synoptique du Trombone à trois pistons, ancien système, page 31, n° 11.)

***

Comme on le voit, la note la plus grave est un *fa* dièze, tandis que celle du Trombone à coulisse est un *mi* naturel.

Dans l'aigu, on éprouve plus de difficulté à faire parler les notes élevées; il y a donc réduction évidente dans la portée de cet instrument. Certains facteurs ont adapté un quatrième piston pour le faire descendre à l'*ut* ; mais c'est là une mauvaise adaptation, et ce piston ne rend aucun service, la musique de Trombone ne dépassant jamais le *mi* naturel.

Application du système Chaussier au Trombone.

En adaptant mon système au Trombone, j'ai conservé la longueur du Trombone à coulisse et j'ai rendu le jeu des pistons correspondant aux positions de la coulisse.

Chaque piston, soit seul, soit avec un ou les deux autres, produit l'effet du déplacement de la coulisse.

On comprend facilement que, les longueurs n'étant pas changées, le son doit être le même.

Certains traits gagnent à cette transformation ; ainsi il est fort difficile de faire sur le Trombone à coulisse ♪ puisqu'il faut aller de la 1re à la 7me position. Cela devient chose facile sur le Trombone à pistons, celui-ci n'ayant plus besoin que de changer de piston pour exécuter ce passage .

De plus, mon instrument descendant au *mi* bémol, cela me crée une 8e position.

***

(Voir tableau synoptique du Trombone à trois pistons, système Chaussier, page 32, n° 12.)

***

N° 11

TABLEAU SYNOPTIQUE

DU TROMBONE A TROIS PISTONS (Ancien système.)

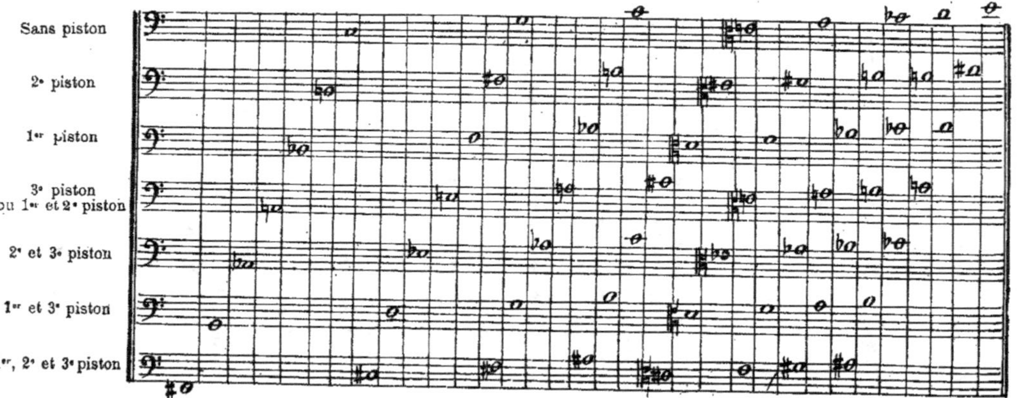

TABLEAU SYNOPTIQUE
DU TROMBONE A TROIS PISTONS (Sytème Chaussier.)

Représentant s.s positions, correspondant à celles du Trombone à coulisse; la gamme chromatiqué qui en résulte comparée à celle du Trombone à trois pistons, ancien système.

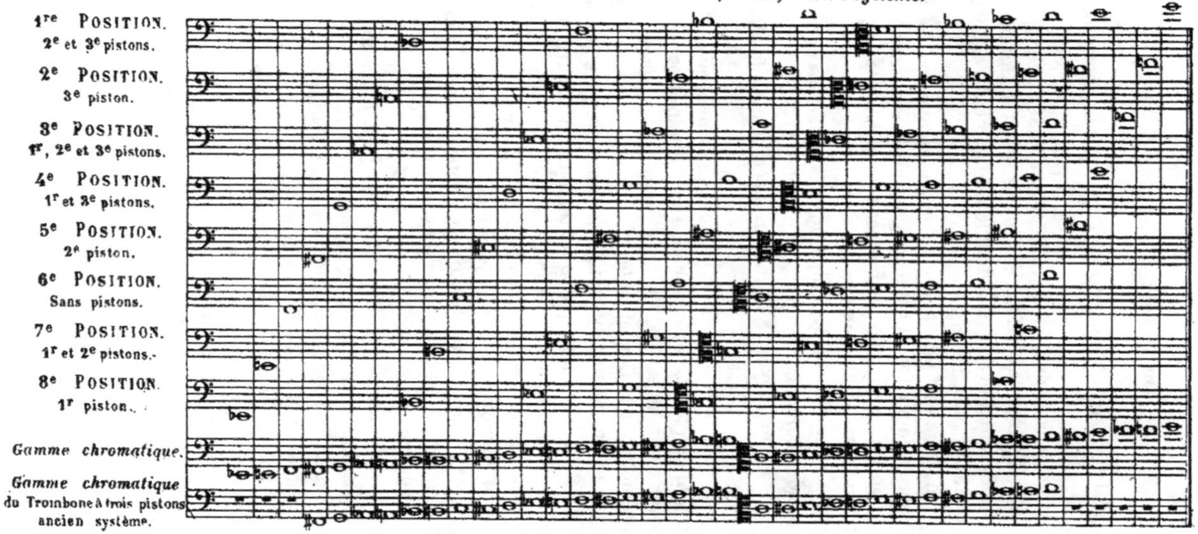

DOIGTÉ DU TROMBONE A TROIS PISTONS (Système Chaussier.)

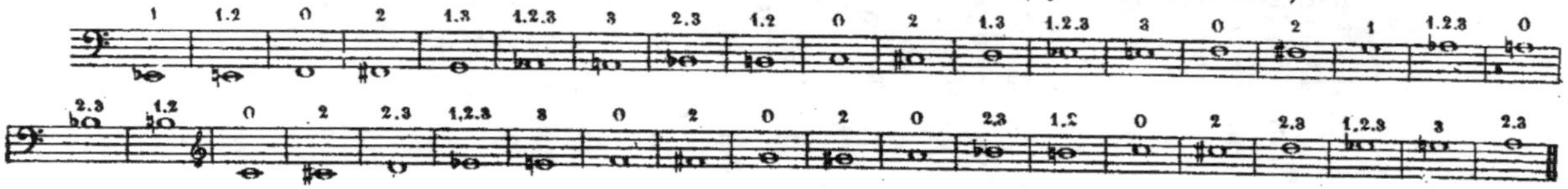

Du Cornet à pistons.

De même que le Cor et la Trompette, le Cornet est un instrument transpositeur.

Il est en somme la continuation de la Trompette dans l'aigu.

L'étendue de la Trompette s'arrête au *Ton* de *sol*, et le Cornet possède les *Tons* de *la* bémol, *la* naturel et *si* bémol, dont le changement s'opère de la même manière que pour le Cor et la Trompette.

Aujourd'hui on ne se sert plus guère à l'orchestre que des *Tons* de *la* et *si* bémol et de manière à ce qu'il y ait le moins possible d'accidents à la clé.

Ainsi, lorsqu'on veut composer un morceau en *si* bémol, on prend le Cornet en *si* bémol et on écrit le morceau en *ut*.

Lorsqu'on veut composer en *la*, on prend le Cornet en *la* et on écrit en *ut*.

Quand on voudra composer en *ré*, on prendra le Cornet en *la* que l'on écrira en *fa*, au lieu d'employer le Cornet en *si* bémol qu'il faudrait écrire en *mi* naturel.

De même, pour composer en *mi*, on prendra certainement le Cornet en *la*, qui s'écrira en *sol*, et non le Cornet en *si* bémol qu'il faudrait écrire en *fa* dièze.

Pour composer en *ut*, il est indifférent d'écrire en *ré* pour le Cornet en *si* bémol ou en *mi* bémol pour le Cornet en *la*.

On voit qu'avec cet instrument jamais l'exécutant ne joue la note réelle et que cette dernière est toujours transposée un ton plus bas avec le Cornet en *si* bémol et un ton et demi plus bas avec le Cornet en *la*, d'où la nécessité de jouer soit un ton, soit un ton et demi plus haut que la note réelle.

Il existe bien un Cornet en *ut* qui se joue plus spécialement dans la musique d'orchestre ; mais cet instrument, qui ne descend qu'au *fa* dièze, est plus petit que le Cornet en *si* bémol et, par suite, la sonorité n'est pas la même ; elle est beaucoup moins douce.

Mon Cornet a cet avantage sur l'ancien qu'on peut jouer toute musique sans aucune transposition et sans aucun *changement de Ton*.

Il peut monter aussi haut que le Cornet en *ut* et descendre aussi bas que le Cornet en *la*, et cela avec la sonorité du Cornet en *si* bémol, puisqu'il en a la longueur ; mon Cornet est en *ut*, et ses proportions ne sont pas réduites comme celles de l'ancien Cornet en *ut*.

Il joue la note réelle, avantage que tout le monde appréciera.

Si l'on veut exécuter sur mon Cornet à pistons de la musique écrite pour la voix, un air d'opéra par exemple, avec accompagnement de piano, on n'a qu'à lire ce qui est écrit sur la partition, aucune transposition n'étant nécessaire.

Toutes les sonorités que l'on obtient avec les Cornets en *si* bémol et en *la* sont conservées, et mon instrument donne absolument la même sonorité que le Cornet en *si* bémol à vide, lorsqu'on s'en sert en abaissant les deux derniers pistons, parce que, dans cette position, les deux instruments ont la même longueur et les mêmes proportions.

Pour la même raison, mon Cornet a la même sonorité que le Cornet en *la*, lorsqu'on s'en sert en abaissant le troisième piston.

Bien que les autres combinaisons produisant les demi-tons chromatiques depuis  note réelle la plus basse du Cornet en *la*, jusqu'à 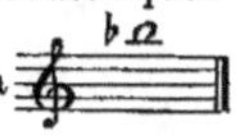 note réelle la plus haute du Cornet en *si* bémol, soient obtenues par des doigtés différents, le résultat n'en est pas moins le même, puisque dans chacune de ces combinaisons correspondantes la longueur de l'instrument est conservée ; le même nombre d'harmoniques se produira donc, et cela avec une sonorité égale, parce que les proportions n'ont pas changé. — Cela résulte des lois de l'acoustique.

On peut donc avec mon Cornet exécuter toute musique qui a été écrite pour Cornet en *la*, en *si* bémol ou en *ut*.

De plus, on peut exécuter toute musique pour la voix ou pour tout instrument dont la note la plus grave peut être un  et la plus aiguë un 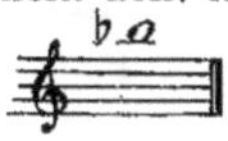 et cela avec la sonorité du Cornet en *si* bémol.

Les tableaux qui suivront seront peu développés et contiendront seulement les gammes chromatiques comparées, résultant des combinaisons des pistons. Pour le détail de l'effet particulier de chaque piston, il faudra que le lecteur se reporte aux tableaux complets qui se trouvent dans la description du Cor.

(*Voir le tableau comparatif du Cornet, page* 35, *n°* 13.)

Les Saxhorns.

Ces instruments, inventés par M. Sax, constituent une véritable famille et sont plus particulièrement employés dans les musiques militaires et les fanfares.

Nº 13

TABLEAU COMPARATIF DU CORNET

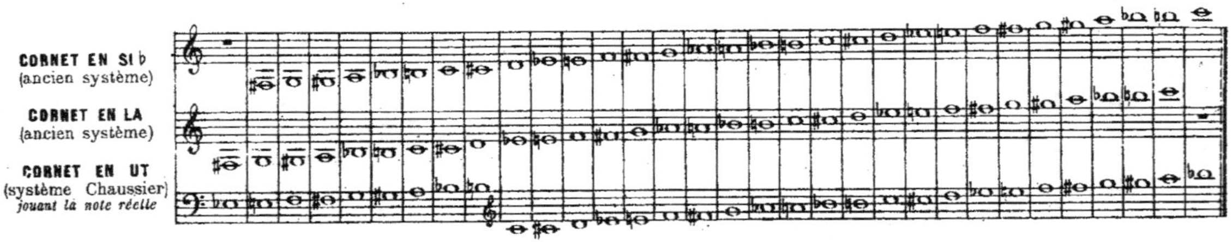

DOIGTÉ DU CORNET (Système Chaussier.)

Cette famille se compose de :

1° Saxhorn aigu ou Petit Bugle en *si* bémol à l'octave supérieure du Bugle.
2° — soprano ou Petit Bugle en *mi* bémol, une quinte plus haut que le Bugle.
3° — contr'alto ou Bugle en *si* bémol même diapason que le Cornet en *si* bémol.
4° — ténor, appelé improprement Alto, en *mi* bémol, une quinte plus bas que le Bugle.
5° — baryton en *si* bémol, une octave plus bas que le Bugle.
6° — basse en *si* bémol, également une octave plus bas que le Bugle, mais avec une perce et des proportions plus fortes que le baryton.
7° — contre-basse en *mi* bémol, une quinte plus bas que le Saxhorn basse.
8° — contre-basse en *si* bémol, une octave plus bas que le Saxhorn basse.
9° — contre-basse grave en *mi* bémol, appelé Bourdon ou Bombardon en *mi* bémol.
10° — contre-basse grave en *si* bémol, appelé Bourdon ou Bombardon en *si* bémol.

Je vais décrire successivement chacun de ces instruments pour démontrer la supériorité qui résulte de l'application de mon système.

Du Petit Bugle.

Le Saxhorn aigu en *si* bémol double le Bugle à l'octave supérieure.

Ses notes écrites vont de  à  ce qui lui donne l'étendue de  à 

Le Saxhorn soprano en *mi* bémol produit des notes une quarte plus haut que le Bugle; ses notes écrites vont de  à  et lui donnent l'étendue de  à 

Mon instrument, dont la fonction est de remplacer les deux précédents et que j'appelle aussi Petit Bugle, est à l'octave supérieure de mon Bugle.

Il s'étend de  à 

S'il ne descend pas aussi bas que le Petit Bugle en *mi* bémol ancien système, on comprendra que cela n'est pas un désavantage, puisque jamais il n'aura à se servir des notes plus graves, lesquelles seront faites par mon Bugle.

Il suffira du tableau de comparaison ci-dessous pour justifier ce que je viens de dire.

Le Petit Bugle, par rapport au Bugle, est ce que la Petite Flûte est à la Grande.

J'ajouterai que mon Petit Bugle, suivant l'énergie des lèvres de l'exécutant, permet plus facilement d'atteindre les notes aiguës que le Petit Bugle en *mi* bémol ancien système, et que, sous ce rapport, il n'est pas inférieur au Petit Bugle aigu en *si* bémol dont il a les proportions.

(*Voir tableau comparatif, page* 38, *n°* 14.)

Du Saxhorn Contr'alto appelé Bugle.

Cet instrument, dans l'ancien système, est l'équivalent du Cornet à pistons en *si* bémol dont il a les dimensions, quoique sous une autre forme, et aussi l'étendue.

C'est un Clairon à pistons.

Ayant plus que le Cornet de parties coniques, son timbre est aussi plus doux; j'ai développé au chapitre production du timbre (page 3) les raisons de cette différence.

Dans mon système, le Bugle est aussi l'équivalent de mon Cornet à pistons, et il s'en distingue par les mêmes qualités qui sont la propriété de l'ancien Bugle, avec l'avantage sur ce dernier qu'il donne un demi-ton en plus dans le grave et un ton dans l'aigu.

(*Voir tableau comparatif, page* 38, *n°* 15.)

N° 14

TABLEAU COMPARATIF DU PETIT BUGLE

— 38 —

N° 15

TABLEAU COMPARATIF DU BUGLE

Du Saxhorn Ténor en *mi* bémol appelé improprement Alto.

Il porte aussi le nom de Saxotromba.

Ce dernier nom indique suffisamment que cet instrument a la dimension de la Trompette, le mot *Tromba*, en italien, signifiant Trompette.

Or, avec ses dimensions, il a la prétention de remplacer le Cor. Pour obtenir approximativement ce résultat, il a fallu adoucir les sons de la Trompette, et, pour cela, on a donné à l'instrument certaines parties coniques et un pavillon développé, disposition qui, nous le savons produit, un timbre doux.

Mais ce résultat est-il suffisant? Non; parce qu'il ne nous fournit pas les notes graves du Cor. Il donne réellement les notes graves de la Trompette, et il présente l'illusion de les jouer une octave plus bas; cela tient uniquement à ce que les sons sont plus doux.

Mon instrument, que j'appellerai aussi *Alto*, puisque le mot est consacré, est basé sur les proportions du Cor; il en fournit donc toutes les notes, sauf celles des tons graves dont on n'a pas besoin; s'il n'a pas le timbre absolu du Cor, cela provient de sa construction, le pavillon étant dirigé en l'air et n'admettant pas l'emploi de la main qui donne au Cor la qualité voilée de ses sons.

Dans la notation de la partie d'Alto, l'obligation s'impose d'employer tour à tour la clé de *fa* et la clé de *sol*, ou bien uniquement la clé d'*ut*, 3e ligne. Pour simplifier, j'emploie seulement la clé de *sol*, et j'écris une octave plus haut que la note réellement rendue.

Le tableau qui suit fera assez comprendre tout ce qui vient d'être dit, et indiquera l'étendue avantageuse des sons fournis par mon Alto.

(Voir tableau comparatif, page 40, n° 16.)

Du Baryton en *si* bémol.

Cet instrument est construit à l'octave grave du Bugle en *si* bémol. Mon Baryton étant, lui aussi, construit à l'octave grave de mon Bugle, il conserve toutes les propriétés de l'ancien, et, de plus, il a un demi-ton additionnel dans le grave.

(Voir tableau comparatif, page 40, n° 17.)

N° 16

TABLEAU COMPARATIF DE L'ALTO

N° 17

TABLEAU COMPARATIF DU BARYTON

De la Basse à 4 pistons ou cylindres.

La Basse à 4 cylindres est un instrument dont les proportions sont plus fortes que celles du Baryton. Il donne donc les mêmes notes que ce dernier, mais avec plus d'ampleur; dans l'ancien système, le quatrième piston sert à descendre jusqu'à l'*ut* grave. En employant mon système à 4 pistons, comme pour le Cor et la Trompette, on peut descendre jusqu'au *la* au-dessous de l'*ut* grave, et la sonorité n'est pas changée, l'instrument étant de même facture.

(Voir tableau comparatif, page **42**, *n° 18.)*

De la Contrebasse à 3 pistons.

Avec mon système, la Contrebasse est à l'octave grave de la Basse. Elle remplace avantageusement les deux contrebasses en *mi* bémol et en *si* bémol de l'ancien système. Elle sera donc à ma Basse ce que la Contrebasse à cordes est au Violoncelle.

(Voir tableau comparatif, page **42**, *n° 19.)*

On doit remarquer que, pour éviter l'emploi de lignes additionnelles dans l'écriture, la partie est écrite une octave plus haut qu'elle n'est rendue.

Cela a lieu déjà pour la Contrebasse à cordes et la Contrebasse en cuivre ancien système.

Du Bourdon ou Bombardon.

Instrument à trois pistons produisant les mêmes notes que la Contrebasse ci-dessus décrite, mais avec plus d'ampleur. Il est à la Contrebasse ce que la Basse est au Baryton. (Voir plus haut.)

N° 18

TABLEAU COMPARATIF DE LA BASSE A 4 PISTONS

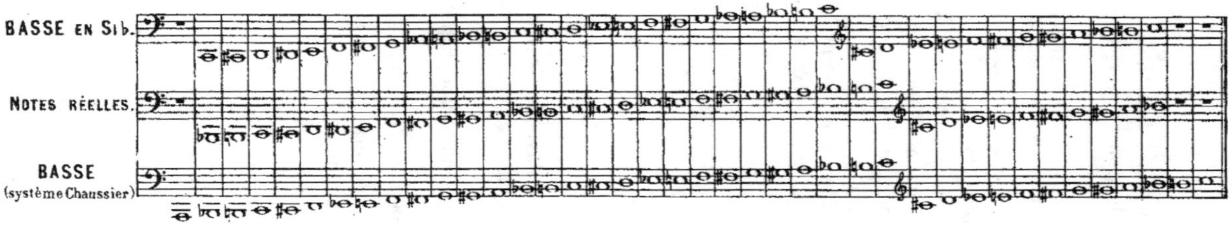

DOIGTÉ DE LA BASSE A 4 PISTONS

N° 19

TABLEAU COMPARATIF DE LA CONTREBASSE

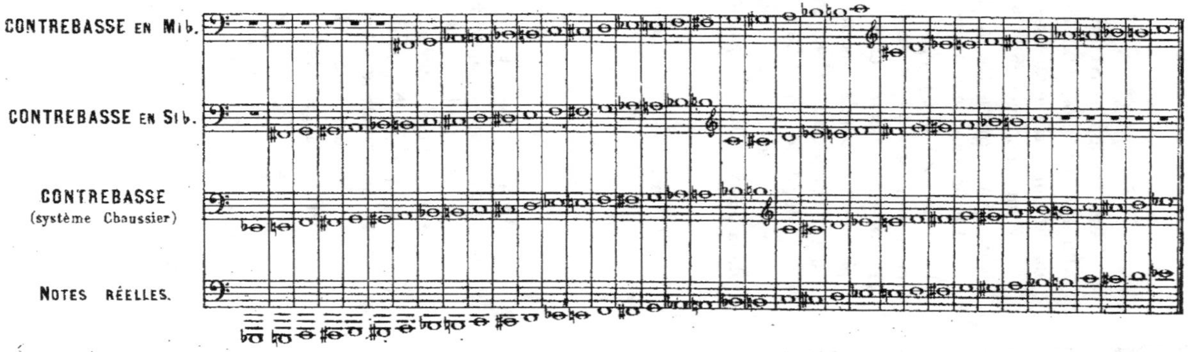

Des Saxophones.

La famille des Saxophones se compose d'un Soprano en *si* bémol, d'un Alto en *mi* bémol, d'un Ténor une octave au-dessous du Soprano et d'un Baryton une octave au-dessous de l'Alto.

Pour appliquer mon système aux Saxophones, je n'ai eu qu'à changer leurs proportions et les ramener au ton d'*ut*.

Le Soprano est un peu plus petit que l'instrument actuel; un autre à l'octave grave, que j'appelle Ténor, tient le milieu entre l'Alto et le Ténor actuel, et un troisième à l'octave grave du second, que j'appelle Basse, remplace le Baryton en *mi* bémol et est plus grand; avec ces trois instruments nous avons plus d'étendue qu'avec ceux en différents tons, comme nous pouvons nous en rendre compte au tableau comparatif plus loin.

Pour éviter une difficulté de doigté, on les écrit tous les trois comme le Soprano, mais les notes sont rendues une octave plus bas par le Ténor et deux octaves plus bas par la Basse.

(*Voir tableau synoptique et comparatif des Saxophones, page 44, n° 20.*)

De la Clarinette.

Il y a trois Clarinettes : en *ut*, en *si* bémol et en *la*. De l'avis des instrumentistes compétents, celle en *si* bémol est la meilleure pour la qualité des sons, et, de fait, elle est presque exclusivement employée.

J'ai dû la conserver. Je la fais entrer dans mon système d'une façon toute simple; je change simplement l'appellation des notes.

Ce que l'instrumentiste appelle *ut, ré, mi, fa*, etc., il l'appellera *si* bémol, *ut, ré, mi* bémol, etc... Dans les premiers temps, il éprouvera un certain embarras; mais à la longue, il trouvera ce procédé aussi commode.

Mes expériences ayant principalement porté sur les modifications des instruments de cuivre, j'ai laissé à des spécialistes le soin de chercher à obtenir les sons de la Clarinette en *si* bémol par l'allongement de la Clarinette en *ut*, résultat qui me paraît facilement réalisable, et qui, j'en suis persuadé, ne nuirait pas au timbre de l'instrument. Ce progrès très désirable ferait entrer de plain-pied la Clarinette dans mon système d'instruments omnitoniques.

N° 20

TABLEAU SYNOPTIQUE ET COMPARATIF DES SAXOPHONES

(Ancien système et système Chaussier.)

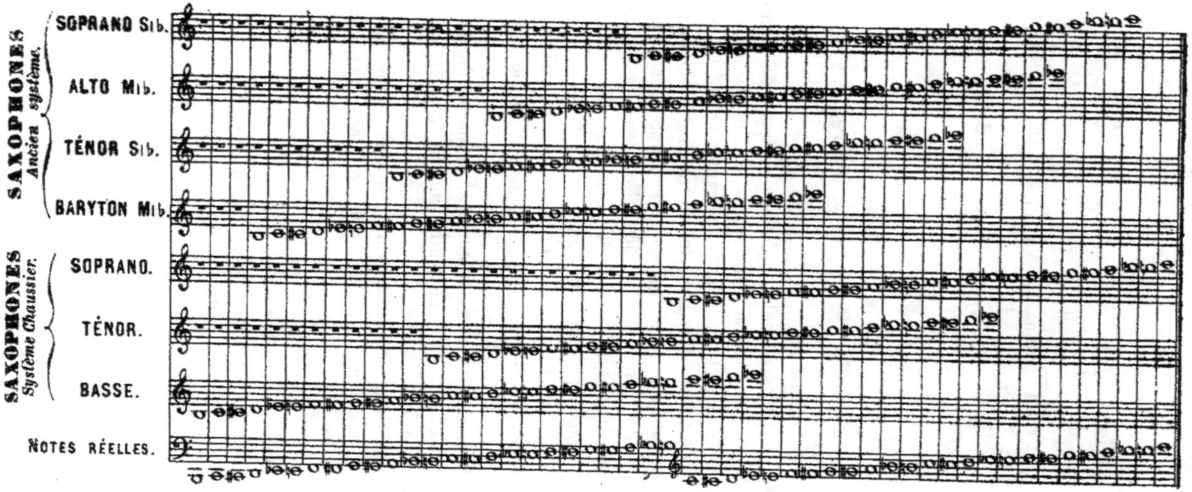

AVANTAGES PRATIQUES DU SYSTÈME CHAUSSIER

Musiques militaires et Fanfares.

Le musicien gagiste a disparu de l'armée. Chaque année voit partir un certain nombre d'instrumentistes, et des meilleurs, dont l'éducation s'était parfaite au régiment. A leur place arrivent de jeunes soldats possédant des notions de solfège insuffisantes et une pratique incomplète des instruments.

On voit quels avantages mon système procurera aux chefs de musiques militaires en leur facilitant l'éducation des recrues. Le solfège peut être appris en même temps que l'usage des instruments; le chant peut être soutenu par un instrument quelconque jouant la note réelle.

Il peut arriver qu'un musicien s'absente; si la partie qu'il joue est importante, il est facile de le remplacer en faisant un emprunt au groupe d'instruments le plus voisin.

Les partitions sont d'une lecture totale plus simple. Il en résulte que les reprises s'effectuent sans peine, chaque musicien sachant bien à quel endroit une faute s'est produite.

Si, au cours de l'exécution, le chef s'aperçoit d'une incorrection dans l'écriture d'une partie, il la rectifie rapidement, parce qu'aucune transposition n'est à faire.

Orphéons. — *Fêtes musicales.* — Un chœur peut être doublé par une harmonie. Des instruments quelconques, en petit nombre, peuvent apporter un concours utile aux chanteurs.

Dans une grande solennité musicale, on peut reprendre le projet, réalisé une fois par Berlioz, de réunir orphéon, fanfare et orchestre.

Peut-on nier que l'emploi de mon système rendrait alors les plus grands services en soumettant à l'uniformité de la discipline musicale cette nombreuse armée d'exécutants?

Je termine cette notice trop longue, que le besoin d'être clair m'a forcé de rendre aride en y introduisant mille détails techniques, par une considération qui a peut-être quelque valeur.

La tâche ardue des compositeurs ne sera-t-elle pas simplifiée par l'adoption d'un système qui leur permettra de donner immédiatement à leur pensée sa forme définitive sans passer par l'algèbre des transpositions?

Je souhaite ardemment que tout le monde réponde: « Oui, » comme il me semble que répond elle-même la LOGIQUE.

(Voir ci-contre le Tableau synoptique et comparatif de l'étendue de chaque instrument ancien système et système Chaussier.)

COMPARATIF

TRUMENT

CHAUSSIER .

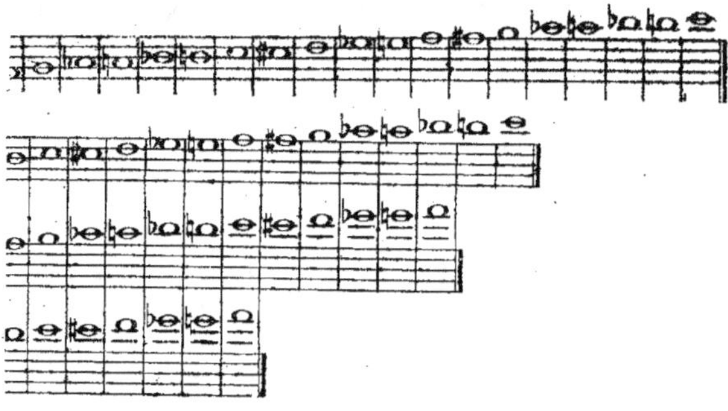

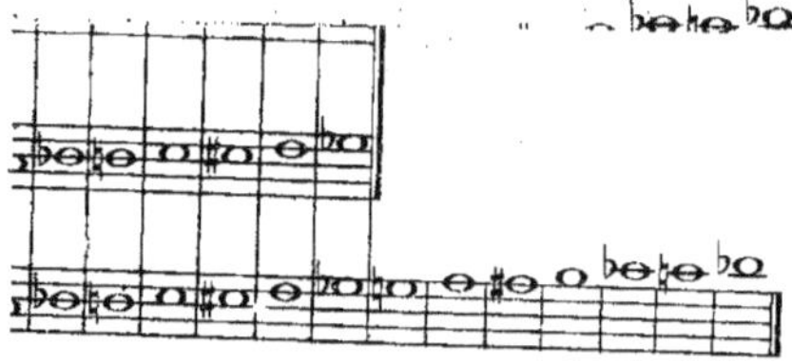

ONTREBAS

JONTREBAS

NOTES R

CONTRE

lème CB

N° 21.

TABLEAU SYNOPTIQUE ET COMPARATIF

DE L'ÉTENDUE DE CHAQUE INSTRUMENT

ANCIEN SYSTÈME ET SYSTÈME CHAUSSIER.

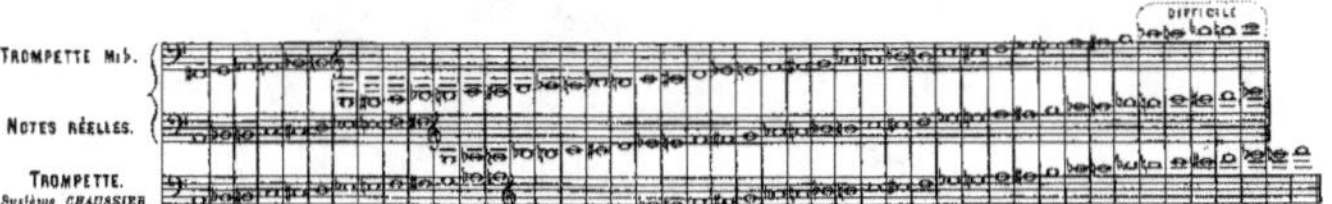

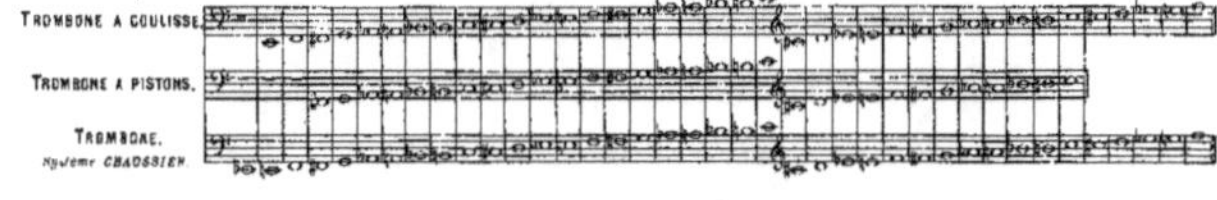

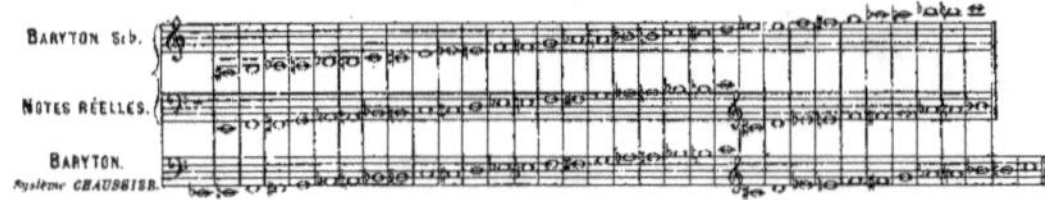

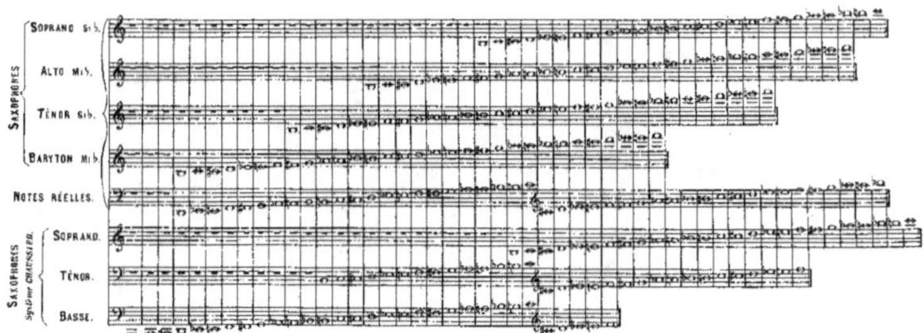

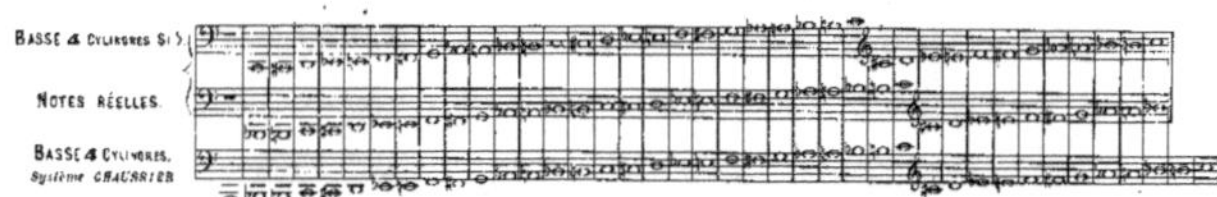

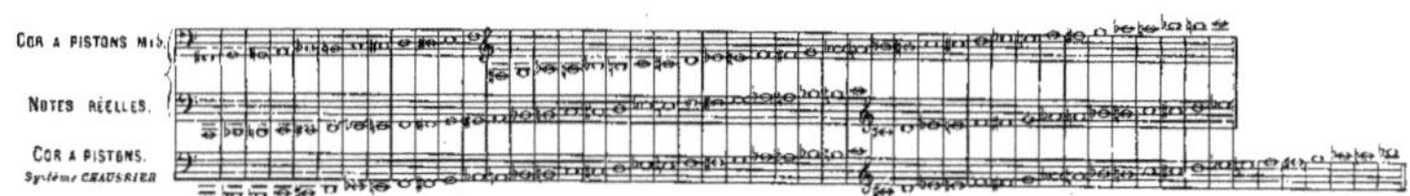

9 782329 690001